AF532257

KK
Verlag
Karin Kestner

Vivian König

Kleines Wörterbuch der Babyzeichen

Mit Babys kommunizieren
bevor **sie sprechen können**

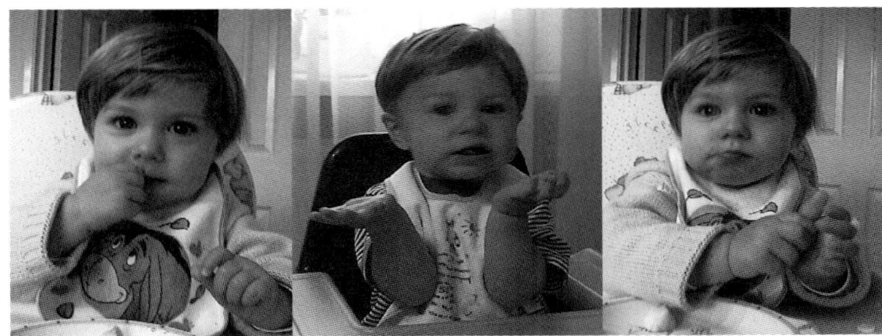

Photos: Vivian König / Klaus Bähr
Umschlaggestaltung: Julia Kestner
Gesamtherstellung: Verlag Karin Kestner

11. Auflage 2024

ISBN 978-3-9812004-4-7

Dieses Buch widme ich meinen Eltern Heidi & Klaus zum Dank für Ihre bedingungslose Liebe und ihre unermüdliche Unterstützung.

Besonderer Dank gilt meinem Mann Florian für unsere harmonische und glückliche Familie und natürlich meinem kleinen Maximilian – nur durch ihn habe ich die spannende Welt der Babyzeichen entdecken dürfen.

Inhalt

Vorwort

Als frischgebackene Eltern steht man vor so manchem Rätsel: Was versucht mein Baby mir nur zu sagen? Warum weint es schon wieder? Was heißt „dada“ diesmal?

Für den kleinen Zwerg ist es auch nicht einfacher. Er versucht, sich so gut wie möglich mitzuteilen und ist schnell frustriert, wenn Mama oder Papa nicht wie gewünscht reagieren. Wie bekomme ich meine Eltern nur dazu, mich besser zu verstehen?

Vor diesem Dilemma standen auch wir, als unser kleiner Sohn Max in unser Leben purzelte. Er verstand erstaunlich viel von dem, was da rings um ihn vorging und was wir sagten. Doch war die Kommunikation meist sehr einseitig und das gegenseitige Verstehen am Anfang schwer.

Wir hatten das Glück, dass Max in England geboren wurde, wo Kurse in Babyzeichensprache zu den normalen Angeboten für Eltern gehören. Schnell lernten wir, durch einfache Handzeichen miteinander zu kommunizieren. Unser Alltag wurde dadurch wesentlich entspannter. Das wichtigste aber war, dass wir Max verstehen konnten, lange bevor er richtig sprechen lernte.

Auch wenn wir es anfangs selbst nicht geglaubt hätten, durch die Babyzeichen hat sich für uns Maxis kleine Welt geöffnet, in die wir unter normalen Umständen nur durch ein kleines Fenster hätten blicken dürfen. Wir sind dafür sehr dankbar und möchten diese Erfahrung auf keinen Fall missen.

Deshalb können wir uns gar nicht mehr vorstellen, wie man ohne die Babyzeichen auskommen soll. Natürlich ist es ein Vorteil, wenn man sein Baby plötzlich verstehen kann und das Rätselraten ein Ende hat. Aber in der Lage zu sein, sich mit seinem kleinen Zwerg durch einfache Zeichen unterhalten zu können, ist ein überwältigendes Erlebnis.

Im deutschen Sprachraum ist die Idee der Babyzeichen noch neu. Wir haben deshalb - basierend auf deutscher Gebärdensprache - unsere Zwergensprache entwickelt, damit auch Sie von der frühen Kommunikation mit Ihrem Baby profitieren können.

Babyzeichensprache ist der beste Start, den Sie Ihrem Kind ins Leben geben können. Sie werden sehen, es ist babyleicht und macht Riesenspaß! Also worauf warten Sie – helfen Sie Ihrem Baby zu kommunizieren bevor es sprechen kann!

Vivian König

Gründerin der Zwergensprache Kurse

Kapitel 1: Einführung in die Babyzeichensprache

Was ist Babyzeichensprache?

Babyzeichensprache dient der Verständigung von Eltern und ihren Babys, *bevor* die Kleinen sprechen können. Sie ist eine sehr wirksame Methode für die Kommunikation mit Ihrem (noch) nicht sprechenden Kind. Durch den Gebrauch einfacher –auf deutscher Gebärdensprache beruhender– Handzeichen eröffnet sich Ihnen und Ihrem Baby eine Welt der Interaktion und des gegenseitigen Verstehens.

Die so genannten Babyzeichen werden parallel zur normalen Sprache benutzt. Sie symbolisieren Gegenstände, Tätigkeiten, Eigenschaften aus dem Baby-Alltag. Indem Ihr Baby lernt, eine Verbindung zwischen der Bedeutung des Zeichens und dem Zeichen selbst herzustellen, ist es bald in der Lage, sich durch Babyzeichen mitzuteilen. Zwergensprache gibt Ihrem Baby damit die Möglichkeit seine Bedürfnisse auszudrücken und mit Ihnen zu „reden", bevor es sprechen kann.

Die neueste Forschung zeigt, dass Babys die Grundzüge der Sprache schon viel früher lernen, als bisher angenommen wurde. Sie können in den ersten Monaten viel mehr verstehen, als wir vielleicht glauben. Nur haben sie in diesem Stadium noch nicht die entsprechenden Mittel und Wege, um dies auch zu zeigen.

Sie haben das sicher auch selbst schon erlebt. Ihr Baby weiß oft genau, was es will, kann sich aber noch nicht mitteilen. Die Folge ist normalerweise, dass es schnell anfängt zu quengeln oder zu weinen. Als Eltern steht man dem oft etwas hilflos gegenüber und versucht zu raten, wie man dem Zwerg helfen könnte.

In diesem Buch sowie in unseren Kursen und Workshops möchten wir Ihnen einfache Gebärden beibringen, damit das

Rätselraten ein Ende hat. Die Gebärden sind so einfach gehalten, dass auch kleine Hände sie nachahmen können.

Wie funktioniert Babyzeichensprache?

Kann Ihr Baby schon winke-winke machen oder eine Kusshand werfen? Das sind schon die ersten Babyzeichen!

Mit sechs bis neun Monaten können die Kleinen noch nicht reden, sondern brabbeln erst mal nur vor sich hin. Sie fangen nun aber an, Ihre Worte zu verstehen. Sie lernen, dass Ihre gesprochenen Wörter bestimmte Gegenstände, Tätigkeiten oder Eigenschaften bezeichnen. Sie wissen bereits, dass Milch das leckere weiße Zeug zum Trinken ist, dass baden heißt, dass sie ins Wasser getaucht werden und sie wissen, wer der Papa ist - ihr großer Held, dessen Küsse immer kitzeln.

In diesem Alter haben Babys bereits eine gute Kontrolle über ihre Hände. Die meisten Babys versuchen dann auch, sich durch eine Kombination von Lauten und Gesten (wie mit dem Finger zeigen oder mit dem Kopf schütteln) auszudrücken. Das ist zwar manchmal ganz süß, aber für die Kleinen häufig frustrierend, weil sie von uns nicht oder nicht sofort verstanden werden.

Babys können die Muskeln ihrer Hände schon sehr früh kontrollieren und koordinieren - lange bevor sich die Muskeln

entwickeln, die zum Sprechen benötigt werden. Durch das Einführen einfacher Gebärden ermöglichen Sie Ihrem Baby, sich auszudrücken und seine Bedürfnisse mitzuteilen. Damit ist es in der Lage, Ihnen zu sagen, dass es etwas zu essen oder trinken möchte, dass es spielen will oder eine neue Windel braucht.

Weinen und Quengeln muss also nicht mehr sein. Die Kleinen sind durch die Babyzeichen und ihre bereits entwickelten motorischen Fähigkeiten in der Lage, mit Ihnen zu kommunizieren. Ihr Baby kann folglich schon zu einem viel früheren Zeitpunkt mit Ihnen „reden“, als wenn Sie auf die ersten gesprochenen Wörter warten müssten.

Welche Vorteile bietet Babyzeichensprache?

Durch Babyzeichensprache kann Ihr Baby Ihnen sagen, dass es Hunger oder Durst hat, sich wehgetan hat oder nach Hause will. Für schlafen, Tiere, Musik etc. gibt es einfache Handzeichen, die den Babys ermöglichen, über das zu "reden", was sie gerade bewegt. Die Kleinen fühlen sich verstanden und sind wesentlich zufriedener, die Eltern natürlich auch.

Babyzeichensprache verringert zum einen Frust für die Kleinen, da sie nun eher ein Mittel haben, sich mitzuteilen. Zum anderen vereinfacht es den Alltag für alle Eltern und Betreuer, da diese besser auf die Bedürfnisse der Zwerge eingehen können.

Vorteile für Ihr Baby:

- kommuniziert mit Ihnen bevor es sprechen kann
- ist häufig ausgeglichener und seltener frustriert
- spricht häufig früher und entwickelt einen größeren Wortschatz
- zeigt ein größeres Interesse an Büchern
- erlangt ein besseres Vorstellungsvermögen
- erlebt sich als selbstwirksam und verbessert seine Selbstwahrnehmung und Motorik
- entwickelt eine enge Bindung zu seinen Eltern und Geschwistern

Vorteile für Sie als Eltern oder Betreuer:

- unterstützen die Sprachentwicklung kindgerecht

- fördern alle vorsprachlichen Fähigkeiten wie Blickkontakt, Freude am Dialog, gemeinsamer Aufmerksamkeitsfokus, Berücksichtigung der kindlichen Bedürfnisse, Unterstützung der Begriffsbildung
- verstehen Ihr Baby häufig besser und sind so weniger unsicher
- erleben weniger Frustration
- genießen ein frühes interaktives Zusammensein mit Ihrem Baby
- entwickeln eine enge Bindung zu Ihrem Baby
- begeben sich mit viel Freude gemeinsam mit ihrem Baby auf den Weg zur Sprache

Gibt es auch Nachteile?

Falls Ihr Kind viel Zeit in der Krippe oder bei einer Tagesmutti verbringt, die die Babyzeichen Ihres Kindes nicht kennt, dann kann es für Ihr Baby schon frustrierend sein, dort nicht verstanden zu werden. Deshalb sollte man diese Personen am besten mit einbeziehen und Ihnen erzählen, mit welchen Zeichen Ihr Kind versucht, was auszudrücken.

Spracherwerb und Babyzeichensprache

Für alle Eltern ist es natürlich ein ganz aufregendes Erlebnis, wenn ihr Kind sein erstes Zeichen macht - vergleichbar mit den ersten Schritten oder später dem ersten Wort. Die Vorteile der Zwergensprache für Ihr Kind setzen aber schon viel früher ein.

Ab dem Augenblick, in dem Sie konsequent beginnen, ihm immer wieder zu einzelnen Wörtern das entsprechende Zeichen zu zeigen, hat dies für Ihr Kind entscheidende Vorteile. Gesprochene Sprache wird über die Ohren aufgenommen und in der linken Hirnhälfte gespeichert. Durch die Verwendung von Handzeichen werden nun zusätzlich auch die Augen des Kindes einbezogen. Diese visuellen Reize fördern die Entwicklung der rechten Hirnhälfte.

Durch die Kombination von akustischen und visuellen Reizen können insgesamt mehr Verbindungen im Gehirn entstehen. Diese zusätzlichen Synapsen in beiden Gehirnhälften erhöhen die allgemeine Lernfähigkeit Ihres Kindes, was sich auch später in der Schule auszahlen wird.

Aus folgenden Gründen profitiert Ihr Kind besonders von der Kombination aus Wörtern und Zeichen:

- Das Verständnis von kleinen Babys beschränkt sich auf ein Ein-Wort-Niveau.
- Durch das Benutzen eines Zeichens lenken Sie die Aufmerksamkeit Ihres Babys auf das Schlüsselwort des Satzes.
- Ihr Baby kann sich leichter auf das konzentrieren, was Sie sagen.
- Sie sprechen meist automatisch langsamer.
- Ihr Baby saugt mehr Sprache auf.

Häufige Fragen und Antworten

Ist Zeichensprache nicht nur für taube und hörgeschädigte Kinder gedacht?

Ursprünglich schon. Die Zeichen- oder Gebärdensprache ist das Kommunikationsmedium für taube oder hörgeschädigte Menschen.

Unsere Zwergensprache ist aber speziell für hörende Babys gedacht. Sie können uns zwar verstehen, aber es dauert lange Zeit, bis sie sprechen lernen. Die motorischen Fähigkeiten für den zielgerichteten Einsatz ihrer kleinen Händchen lernen sie schon viel früher. Daher bietet es sich an, die Vorteile der Zeichensprache auch für hörende Kinder und ihre Eltern zu nutzen.

Die Zwergensprache ist auf der deutschen Gebärdensprache aufgebaut. Sie benutzt - wo möglich - deren Handzeichen. Zum Teil wurden schwierige Zeichen aber vereinfacht und so angepasst, dass auch kleine Hände damit klarkommen. Unsere Kurse können deshalb von allen Eltern und Babys - mit oder ohne Hörprobleme - besucht werden.

Warum soll man Zeichensprache für hörende Kinder benutzen?

Durch den Einsatz von einfachen Handzeichen und Gesten sind schon Babys in der Lage, ihre Bedürfnisse und Wünsche mitzuteilen. Und dies lange bevor sie sprechen lernen. Sie als Eltern oder Betreuer stehen dem Weinen Ihres Zwerges nicht mehr ratlos gegenüber. Er kann Ihnen sagen, was er will.

Die Entwicklung der Muskeln von Mund, Zunge und Stimmbändern und damit des eigentlichen Sprechvermögens ist bei Babys frühestens zwischen dem 12. - 20. Monat abgeschlossen. Vom verständlichen Sprechen und einem entsprechend großen Wortschatz sind sie natürlich auch dann noch weit entfernt. Zwergensprache soll dieses Stadium überbrücken.

Eltern hilft die Zwergensprache im Alltag mit ihrem Kind enorm und gibt ihnen außerdem einen viel besseren Eindruck von der Welt der Kleinen.

Durch Babyzeichensprache lassen Sie Ihr Kind durch eine interaktive Kommunikation viel intensiver am Alltagsgeschehen und an gemeinsamen Erlebnissen teilhaben. Das stärkt natürlich auch die Bindung zwischen den Mitgliedern Ihrer Familie.

Durch die Verbindung von Zeichen und gesprochenem Wort fördern Sie zudem eine frühe Sprachentwicklung, einen großen Wortschatz und die Intelligenz Ihres Babys.

Woher stammt die Idee der Babyzeichensprache?

Die Idee der Anwendung der Zeichensprache auch für hörende Babys wurde seit den 80er Jahren vor allem in Amerika und England erforscht. Man stellte fest, dass hörende Babys, von denen mindestens ein Elternteil taub war, viel früher kommunizieren konnten als deren gleichaltrige kleine Kollegen.

Gebärdensprache wird allerdings schon lange in vielen Ländern der Erde mit all den Kindern benutzt, die entweder selbst taub sind, deren Geschwisterkind taub ist oder ein bzw. beide Elternteile. Für diese Kinder ist Gebärdensprache entweder die Muttersprache oder, wenn sie hören können, dann werden sie automatisch zweisprachig – mit Gebärdensprache und gesprochener Sprache - erzogen. Und alle diese Kinder konnten sich mit Zeichen wesentlich früher und umfassender ausdrücken als mit Worten.

Die Zwergensprache-Kurse basieren auf dem System der deutschen Gebärdensprache, so ermöglichen sie nicht nur die frühe Kommunikation mit Ihrem Baby, sondern auch einen Einstieg in die Sprache der Tauben und Hörgeschädigten.

Verzögert Babyzeichensprache nicht das Sprechen lernen?

Nein, auch wenn es auf den ersten Blick so scheinen könnte. Das Gegenteil ist eher der Fall. Da Zeichen und Wörter immer zusammengebraucht werden, ersetzt die Zeichensprache die eigentliche Sprache nicht. Das endgültige Ziel sollte für hörende Babys nicht die Perfektionierung der Handzeichen, sondern die gesprochene Sprache sein!
Die Zwergensprache versucht in diesem Sinne, eine Brücke zu schlagen zwischen einer stark eingeschränkten Kommunikation im frühen Babyalter bis zur voll ausgebildeten Sprache des Kleinkindes.

Mit Babyzeichensprache unterstützen und fördern Sie den natürlichen Prozess des Sprechen Lernens. Der Einsatz von Gesten ist ein normaler und grundlegender Abschnitt in der Sprachentwicklung Ihres Kindes.

Auch wenn sich unsere Kleinen durch Babyzeichen mitteilen können, so werden sie deshalb nicht faul und beschränken sich auf diese Kommunikationsform. Sie sind fasziniert von ihren eigenen kleinen Stimmchen und wollen sich unbedingt mitteilen.

Die Erfahrung, anhand von Babyzeichen verstanden zu werden, beflügelt sie vielmehr in ihren Kommunikationsversuchen. Kinder saugen alle neuen Eindrücke auf wie ein Schwamm und wollen sich austauschen. Sind sie erst einmal auf den Geschmack gekommen, wie viel Spaß es macht, miteinander zu reden, dann werden nach und nach die Babyzeichen von immer mehr Wörtern verdrängt werden.

Wenn wir Zeichensprache benutzen, reden wir dann nicht automatisch weniger mit unserem Kind?

Auch hier ist eher das Gegenteil der Fall. Zeichen und Wort sind immer als Einheit zu sehen. Wir sprechen und verstärken gleichzeitig die Hauptwörter unserer Aussage, indem wir hierfür die entsprechenden Babyzeichen einsetzen.

Eltern, die mit ihren Babys Zeichensprache benutzen, sprechen viel bewusster mit ihnen und achten darauf, *was* sie sagen und *wie* sie etwas ausdrücken. Außerdem beobachten sie häufig auch ihre Babys genauer und deren Versuche, sich auszudrücken.

Die Kommunikation nimmt durch den Einsatz von Zwergensprache definitiv nicht ab. Sie wird hingegen um vieles erleichtert, wird bewusster und macht für alle einfach mehr Spaß.

Ist Babyzeichensprache auch etwas für mehrsprachige Familien? Sind das dann nicht zu viele Sprachen auf einmal für das Kind?

Gerade für Familien, in denen mehr als eine Sprache gesprochen wird, bietet sich Zwergensprache an. Die Babyzeichen bringen die Kinder nicht durcheinander, sondern helfen ihnen vielmehr, Gegenstände oder Handlungen mit den entsprechenden Wörtern zu verknüpfen.

Die Zeichensprache wirkt in diesem Fall als Vermittlerin zwischen den Sprachen, an die das Baby herangeführt werden soll. Es findet sich dann in der Sprachwelt viel besser zurecht und versteht das Konzept der Kommunikation und der Benennung von Tätigkeiten und Gegenständen leichter.

Auch Ihnen als Eltern oder Grosseltern (und natürlich den anderen Betreuern) erleichtert es das Verstehen Ihres Babys, wenn Zwergensprache zum Einsatz kommt, ganz egal welche Sprachen zu Hause gesprochen werden.

Und gerade in Kinderkrippen mit Babys verschiedener Nationalitäten hilft Zwergensprache bei der täglichen Kommunikation mit den Kleinen, denn sie ermöglicht es den

Betreuern, besser auf die Bedürfnisse der Babys eingehen zu können und beiden Seiten, sich leichter verständlich zu machen.

Wie lange wird mein Kind die Zeichensprache zur Kommunikation einsetzen? Hört es irgendwann auf damit?

Solange bis es die gesprochene Sprache gut beherrscht. Auch das ist natürlich individuell sehr verschieden.
Lernt es sprechen, wird es eine zeitlang sowohl Zeichen als auch Wort gleichzeitig benutzen. Wenn es sich mit Worten deutlich ausdrücken kann und damit das erreicht, was es will, werden die Zeichen nach und nach verschwinden.

In besonderen Situationen, wie z. B. wenn Ihr Kind müde oder besonders aufgeregt ist und seine Botschaft betonen möchte, wird es die Zeichen vielleicht weiter oder wieder verwenden.

Ein Vorteil der Zwergensprache ist, dass, wenn ein neues Geschwisterchen zur Welt kommt, Sie die Grossen in die Kommunikation mit dem neuen Baby einbeziehen können. Und Sie können sich vorstellen, wie wichtig und bedeutend sich dann der große Bruder oder die große Schwester fühlen werden. Das erleichtert die neue Situation natürlich gewaltig und begünstigt eine enge Bindung zwischen den Geschwistern.

Wie fördert Zwergensprache die Gehirnentwicklung?

Durch Babyzeichensprache unterstützen Sie die Begriffsbildung und Abstraktionsfähigkeit des Kindes und ebnen den Weg zum komplexen Denken. Die Gehirnentwicklung Ihres Kindes - sowohl der rechten als auch der linken Hirnhälfte – wird durch das Ansprechen verschiedener Sinnesmodalitäten und Lernkanäle positiv beeinflusst. Das schult auch eine differenzierte Wahrnehmungsfähigkeit.

Sprache und Wörter werden in der linken Hirnhälfte gespeichert. Die rechte Hirnhälfte wird durch visuelle Eindrücke beeinflusst.

Da Babyzeichensprache durch die Kombination von visuellen und akustischen Reizen beides verbindet - sowohl die Hervorhebung einzelner Wörter beim Sprechen als auch die Verdeutlichung dieser Wörter durch die Bewegung der Handzeichen und Gesten – fördert sie das Entstehen neuer Verknüpfungen im sich entwickelnden Gehirn und unterstützt (neben all ihren anderen Vorteilen) das ganzheitliche Lernen.

Stimmt es, dass Zwergensprache die berüchtigten „Trotzanfälle“ verhindern kann?

Nicht komplett, aber sie werden auf jeden Fall verringert und für den Rest der Familie erträglicher.

Die Zwerge haben schon einen enorm großen passiven Wortschatz und verstehen unheimlich viel. Doch sind sie lange Zeit nicht in der Lage zu sprechen. Lernen sie dann die ersten Wörter, hinkt auch hier ihr Sprachvermögen dem Wortschatz hinterher, um genauso viel auszudrücken, wie sie sagen möchten. Das ist natürlich frustrierend. Vor allem wenn es darum geht, seinen kleinen Willen zu bekunden.

Je besser Sie Ihr Kind verstehen und auf seine Bedürfnisse und Wünsche eingehen können, desto seltener wird es Wutanfälle haben. Dies setzt natürlich voraus, dass sich Ihr Kind Ihnen verständlich mitteilen kann. Babyzeichen sind der ideale Weg dorthin.

Mein Kind hat Down-Syndrom. Kann es auch von Babyzeichensprache profitieren?

Zwergensprache ist auch bei verzögerter Sprachentwicklung ideal, denn es gibt den Kleinen die wichtige Möglichkeit, sich auszudrücken und seine Bedürfnisse anderen mitzuteilen. Auch die gerade bei diesen Kindern häufiger auftretenden Wutanfälle können damit reduziert werden.

Besonders bei Kindern mit Down-Syndrom ist die richtige Förderung und Unterstützung beim Sprechen lernen wichtig. Sie helfen ihm, durch Kommunikation und verbesserte Interaktion ausgeglichener und zufriedener zu werden.

Mein Mann ist schwer von dem Konzept „Zeichensprache für Babys" zu überzeugen. Er findet, es setzt unser Kind unnötig unter Lerndruck. Dafür wäre es noch zu jung. Was empfehlen Sie?

Lassen Sie sich nicht beirren. Unsere Babyzeichen werden den Kindern nicht mit Druck, sondern mit viel Musik, Spielen und Spaß vermittelt. Auch die Kurse finden alle in einer sehr entspannten Atmosphäre statt und sind auch für die Kleinen abwechslungsreich.

Die Einbindung der Zeichen in die normale Kommunikation mit Ihrem Baby läuft bald ganz natürlich und wie von selbst. Kleine Kinder saugen neue Erkenntnisse auf wie ein Schwamm und haben Spaß am spielerischen Lernen. Sie sind stolz, wenn sie etwas zur Unterhaltung beitragen können und entwickeln ganz nebenbei einen großen Wortschatz.

Sie werden sehen, wenn Ihr Zwerg mit dem ersten Zeichen antwortet, wird auch Ihr Mann schnell überzeugt sein. Es ist für alle ein überwältigendes Erlebnis – so wie das erste Wort oder der erste Schritt Ihres Babys es auch sein werden!

Kapitel 2: Wie man am besten beginnt

Wann führt man die ersten Babyzeichen ein?

Das beste Alter zum Beginnen ist zwischen sechs und neun Monaten. Wenn man früher beginnt ist dies auch kein Problem, man muss unter Umständen nur etwas länger warten, bis das Baby mit den ersten Zeichen antwortet.

Ihr Baby muss die notwendigen motorischen Fähigkeiten entwickelt haben, um seine Händchen entsprechend zu benutzen, und es muss sich auch an die Zeichen erinnern können, d. h. es muss auch diese Gedächtnisleistung erbringen können.

Jedes Kind entwickelt sich ja bekanntlich nach einem eigenen Zeitplan. Daher sind manche Kinder vielleicht schon mit fünf Monaten und andere erst mit sehn Monaten für die Zwergensprache bereit. Nach folgenden Verhaltensweisen sollten Sie Ausschau halten, denn dann können Sie starten:

- Ihr Baby interessiert sich verstärkt für seine Umwelt.
- Es lässt sein Spielzeug runterfallen und schaut nach, wohin es verschwunden ist (Objektpermanenz).
- Es hebt etwas auf und schaut Sie an, als ob es mehr Informationen zu dem Gegenstand möchte (Triangulierung).
- Ihr Baby zeigt auf Dinge (Zeigegeste).
- Es kann schon ein paar Babyzeichen wie z. B. winke, winke (Merkfähigkeit).

- Ihr Baby kann Gesten oder Tätigkeiten nachahmen (Abstraktionsfähigkeit).

Sie als Eltern können natürlich schon früher die Babyzeichensprache lernen. Dann haben Sie bereits das Rüstzeug für die wichtigsten Zeichen erworben und können diese bereits in Ihren Alltag einbinden und sich so daran gewöhnen.

Wenn Sie nicht sicher sind, ob Ihr Baby schon reif genug für die Zwergensprache ist – kein Problem – fangen Sie einfach damit an. Sie können nichts falsch machen, Sie müssen eventuell nur ein bisschen länger auf Babys erstes Zeichen warten.

Mit welchen Babyzeichen sollte man beginnen?

Zum Starten empfehlen wir Zeichen für die Dinge, die für die Kleinen am wichtigsten sind und die Ihren gemeinsamen Alltag am ehesten erleichtern. Am besten Sie beginnen mit den Zeichen, die die Grundbedürfnisse Ihres Babys ausdrücken wie z. B. „Milch“ oder „Essen“.

Die Zeichen, die erfahrungsgemäß am besten für den Anfang geeignet sind, sind: Milch, essen, mehr und alle-alle. Im Folgenden sollen die fettgedruckten Wörter die entsprechenden Babyzeichen repräsentieren.

Milch:
Zeigen Sie Ihrem Kind das Zeichen für „**Milch**“ immer bevor Sie es stillen oder ihm das Fläschchen geben.
Fragen Sie z. B.: „Möchtest Du Deine **Milch** trinken?“ Auch unmittelbar danach können Sie sagen und zeigen: „Prima hast Du Deine **Milch** getrunken.“

essen:
Wenn Sie das Essen auf den Tisch stellen oder dem Kind den Löffel anbieten, können Sie sagen: „ Es gibt etwas zu

essen." Verwenden Sie immer Wort und Zeichen gemeinsam! Wiederholen Sie das Zeichen für „**essen**" immer wieder während der Mahlzeit z. B. durch „Mmmhhh, leckeres **Essen**!" oder „Schmeckt Dir Dein **Essen**?" Sie können auch kleine Rollenspiele nutzen, um das Zeichen für „essen" häufig zu wiederholen und demonstrieren zu können. Fragen Sie z. B. Ihren Partner beim gemeinsamen Abendessen, ob er noch etwas essen möchte oder füttern Sie Teddys und Puppen.

Mehr / noch einmal:
Dieses Babyzeichen ist sehr beliebt und häufig das erste, das Babys lernen. Kein Wunder, denn „mehr" ist ein ideales Zeichen zum Beginnen, da es immer etwas gibt, wovon Babys mehr möchten. Es lässt sich in vielen Situationen gut verwenden, so z. B. sowohl für **mehr** essen oder **mehr** trinken, aber auch für **mehr** vorlesen, **mehr** Seifenblasen, **mehr** Bauklötze aus der Box holen oder noch **mehr** Schienen für die Eisenbahn zusammenbauen. Sagen und zeigen Sie „**mehr**", wenn Sie denken, dass Ihr Kind noch einen Keks möchte oder noch mehr Lieder vorgesungen haben will, oder Sie auch noch ein zehntes Mal Verstecken mit ihm spielen sollen.

alle – alle / fertig:
Um Ihrem Baby die Assoziation zwischen dem Tatbestand, dass etwas alle, vorbei oder fertig ist, und dem Babyzeichen für „alle-alle" zu zeigen, wählen Sie am besten folgende Situationen: den leeren Teller zeigen, wenn aufgegessen wurde, den Tisch abräumen oder ein Spiel beenden. Auch wenn die Musik zu Ende ist oder wenn Besuch wieder nach Hause geht, kann man das Zeichen „alle-alle" dem Baby sehr gut beibringen.

Ist Ihr Baby schon etwas älter, können Sie auch zwei oder drei Zeichen auf einmal einführen. Später können dann Zeichen für die Dinge hinzukommen, die Ihren Zwerg brennend interessieren, wie vielleicht Haus- oder Zootiere. Vor allem bei kleinen Jungs sehr beliebt sind „Auto“ und „Eisenbahn“ und „Flugzeug“. Aber auch Sicherheitszeichen wie „stopp“ oder „heiß“ sollten nicht fehlen. Wichtig ist, dass Sie die Babyzeichen so oft es geht wiederholen. Je häufiger Ihr Kind das jeweilige Zeichen sieht, desto schneller lernt es zu verstehen, wofür Wort und Zeichen stehen und desto eher wird es lernen, das Zeichen selbst zu benutzen.

Wie geht man bei der Einführung von Babyzeichen vor?

- Wählen Sie den richtigen Zeitpunkt. Um Ihrem Kind Babyzeichen beizubringen, wählen Sie am besten einen Zeitpunkt, wenn Ihr Kleines aufmerksam und konzentriert ist und vor allem gute Laune hat! Wenn Ihr Baby gerade nicht in der richtigen Stimmung ist, dann warten Sie lieber auf eine bessere Gelegenheit. Babyzeichen zu lernen soll schließlich beiden Seiten Spaß bringen.

- Zeigen Sie Ihrem Baby die Zeichen in seinem Blickfeld. Setzen Sie sich dem Kind gegenüber. Es soll sowohl Ihre Hände als auch Ihr Gesicht und Ihren Mund sehen.

- Benutzen Sie das Babyzeichen immer in Verbindung mit dem entsprechenden Wort! Sprechen Sie langsam und halten Sie möglichst Blickkontakt.

- Benutzen Sie Ihre Mimik und übertreiben Sie dabei ruhig! Gerade dadurch erhöhen Sie die Aufmerksamkeit Ihres Babys und erleichtern ihm, eine Verbindung zwischen der Bedeutung des Wortes und dem Babyzeichen herzustellen. Variieren Sie auch Ihre Stimmlage und vermeiden Sie störende Hintergrundgeräusche.

- Wiederholen Sie die Zeichen so oft wie möglich! Darin liegt der Schlüssel zum Erfolg. Je häufiger Ihr Kind das Zeichen in der entsprechenden Situation sieht, desto leichter fällt es ihm, die entsprechende Assoziation herzustellen und sich auch später wieder daran zu erinnern.

- Benutzen Sie Babyzeichen immer im Kontext! Führen Sie z. B. das Zeichen für Vogel dann ein, wenn Sie gerade einen Vogel sehen. Versuchen Sie, möglichst immer einen realen Gegenstand für das Zeichen zur Hand zu haben. Aber auch Bilderbücher, Photos, Poster oder Zeichnungen der jeweiligen Dinge eignen sich sehr gut.

- Folgen Sie dem Tempo Ihres Babys! Halten Sie die Augen offen, welche Dinge Ihr Kind interessieren. Führen Sie Babyzeichen für die Wörter ein, die Ihr Kind vielleicht verwenden möchte. Wenn Ihr Kind etwas ansieht oder auf etwas zeigt, dann bezeichnen Sie den Gegenstand und zeigen Sie ihm gleichzeitig das Babyzeichen dafür.

- Benutzen Sie am Anfang nur ein Zeichen pro Satz. Reden Sie in möglichst kurzen und einfachen Sätzen.

- Benutzen Sie für Zeichen, die mit einer Hand dargestellt werden, Ihre dominierende Hand – Rechtshänder die rechte Hand und Linkshänder die linke.

- Loben Sie Ihr Baby so viel es geht! Loben Sie die Versuche Ihres Babys auch dann, wenn es das Zeichen nur annähernd trifft! Wichtig ist hierbei, dass Sie selbst das Babyzeichen weiterhin in der richtigen Form vorführen, sonst könnte Ihr Kind denken, dass Sie ihm ein neues Zeichen zeigen – was es natürlich verwirren würde.

- Seien Sie geduldig! Haben Sie Geduld und geben Sie nicht vorzeitig auf, sondern bleiben Sie am Ball! Es dauert durchschnittlich vier bis sechs Wochen, bis ein Baby sein erstes Zeichen gelernt hat. Auch wenn das lang erscheinen mag - die Kleinen lernen in dieser Zeit so viel mehr: Sie begreifen, dass Gegenstände Namen haben und dass man durch Laute (Wörter) und Babyzeichen diese Gegenstände bezeichnet. Sie lernen außerdem, die Zeichen, die Sie vorführen, mit ihren kleinen Händen nachzuahmen und vielleicht sogar auch Ihre Laute zu imitieren. Der wichtigste Lernschritt aber ist, dass die Kleinen erkennen, dass sie durch diese Babyzeichen mit Ihnen kommunizieren können. Sie sind nun endlich in der Lage, sich mitzuteilen und ihre Bedürfnisse auszudrücken.

- Sehen Sie das Ganze entspannt und haben Sie Spaß dabei!

Babys erstes Zeichen

Manche Babys sind „von der schnellen Truppe“, bei anderen lässt das erste Zeichen etwas länger auf sich warten. Wie auch bei anderen Entwicklungsschritten, so entwickeln sich unsere Zwerge alle ganz verschieden und nach einem eigenen Fahrplan. Deshalb ist ja auch jedes Einzelne von ihnen so etwas Besonderes. Sie als Eltern können auf jeden Fall sicher sein, dass Sie durch die Kommunikation mit Babyzeichen Ihrem Kind einen Vorsprung in der Sprachentwicklung geben.

Wenn Sie die von Ihnen ausgewählten Babyzeichen konsequent verwenden, dann wird Ihr Baby dass bemerken, Ihnen zuhören und sie durch Ihr Beispiel nach und nach lernen. Es wird immer besser verstehen, was Sie sagen und wird dadurch auch seinen Wortschatz erweitern. Wenn Ihr Kind soweit ist, wird es das erste

Zeichen benutzen. Denn ohne Zweifel wird es früher oder später mitreden wollen.

Das Warten auf das erste Zeichen kann zwar sehr lang erscheinen. Aber es soll kein Wettbewerb sein. Setzen Sie sich oder Ihr Kind nicht unter Druck. Ihre Geduld wird bestimmt bald belohnt. Denn Ihr Kind will unbedingt mit Ihnen kommunizieren und das erste Zeichen kommt bestimmt bald. Meist dann, wenn Sie es am wenigsten erwarten. Sie werden sehen, es lohnt sich, etwas länger zu warten und Ausdauer zu beweisen. Das erste Zeichen Ihres Babys wird das alles wieder gut und vergessen machen!

Halten Sie die Augen offen – das erste Zeichen sieht verständlicherweise nicht so perfekt aus wie das, was Sie vorführen. Auch wenn es oft nur eine sehr grobe Annäherung ans Original sein wird – loben Sie Ihr Baby über alle Maßen! Seien Sie stolz. Wenn Sie Ihrem Kind weiterhin zeigen, wie das Zeichen richtig geht, wird es nach und nach auch mit seinen kleinen Fingern zurechtkommen.

Es ist wichtig, dass Sie das Zeichen immer richtig verwenden und nicht das Ihres Babys nachahmen, weil es sonst denken könnte, Sie zeigen ihm ein neues, ganz anderes Zeichen und dann würde es völlig durcheinander kommen.

Also wenn Ihr Kind für das Zeichen „mehr“ immer auf den Unterarm tippt oder beide Hände einfach nur zusammen klatscht, dann ist das schon ein großer Erfolg. Das ist alles ganz normal und auch zu erwarten. Erst nach und nach werden Babys Zeichen genauer. Die Übung macht eben den Meister. Was im ersten Moment zählt, ist einfach nur seine Botschaft.

Versuchen Sie Ihr Kind bei seinen ersten Kommunikationsversuchen zu bestärken, und zeigen Sie ihm deutlich, was Sie mit Ihren Händen und mit Ihrem Mund machen. Loben Sie Ihr Kind und korrigieren Sie falls notwendig nur ganz vorsichtig, in dem Sie als Beispiel vorangehen und die Wörter und Babyzeichen in Ihrer Antwort oder Reaktion auf die richtige Weise wiederholen.

Häufige Fragen und Antworten

Mein Kind ist bereits 1 1/2 Jahre. Ist es schon zu spät für Zwergensprache?

Nein, auf keinen Fall. Wenn Ihr Kind schon etwas älter ist, kann es trotzdem von Babyzeichen profitieren. Am besten Sie fangen sofort damit an. Gerade ältere Babys lernen die Zeichen recht schnell und erweitern so ihren Wortschatz.

Selbst wenn Ihr Kind schon etliche Wörter spricht, so ist seine Kommunikation doch noch recht eingeschränkt. Die Babyzeichen bieten ihm an dieser Stelle ein noch größeres Vokabular und damit bessere Möglichkeiten, seine Wünsche auszudrücken und sich Ihnen mitzuteilen.

Einige Wörter wie z. B. „Krokodil“ oder „Hubschrauber“ sind für Kinder schwierig auszusprechen. Mit Babyzeichen können Sie trotzdem darüber „reden“. Ganz klar, dass Ihr Kind dann weit weniger frustriert ist.

Ich versuche, seit einiger Zeit meinem Kind Babyzeichen beizubringen. Es scheint aber unbeeindruckt davon zu sein. Was mache ich falsch?

Wahrscheinlich gar nichts. Es kann durchaus vier bis acht, manchmal auch zehn Wochen dauern bis Ihr Kind den Zusammenhang zwischen der Bedeutung des Zeichens und dem Zeichen selbst herstellt und dieses so verinnerlicht hat, dass es das Zeichen im Kontext auch selbst benutzen kann.

Wann ein Baby das erste Zeichen lernt und wie schnell neue und wie viel weitere hinzukommen, ist individuell sehr verschieden. Es hängt zum einen vom Alter Ihres Babys ab, aber auch davon, wie häufig und wie konsequent Sie die Babyzeichen benutzen.

Führen Sie nicht zu viele Babyzeichen auf einmal ein. Starten Sie mit einem und wenn Ihr Kind dieses kennt, dann kann es mit dem nächsten Zeichen weitergehen. Ist Ihr Baby schon etwas älter, können Sie gleich mit mehreren Zeichen beginnen.

Unser Kind zum Beispiel lernte seine ersten Zeichen mit neun Monaten und dann passierte für zwei Monate fast gar nichts. Max war mit etwas anderem beschäftigt – er lernte in dieser Zeit nämlich laufen und war für neue Babyzeichen kaum zu begeistern. Danach ging es aber unaufhaltsam los, als wäre ihm ein Licht aufgegangen.

Mit 12 Monaten beherrschte er 15 Zeichen, mit 13 Monaten 25 und mit 14 Monaten bereits sage und schreibe 50. Mit 18 Monaten konnte er sich mit Hilfe von rund 100 Babyzeichen und knapp 60 Wörtern ausdrücken. Danach kamen dann immer noch neue Zeichen hinzu, aber er lernte nun wesentlich mehr neue Wörter. Mit 19 Monaten sprach er ungefähr 100 Wörter, wobei er aber die Babyzeichen zum Teil weiterhin parallel benutzte.

Jedes Kind ist anders. Auch fürs Krabbeln, Laufen lernen und Sprechen gibt es keinen allgemeinen Fahrplan. Mit den Babyzeichen ist es nicht anders. Haben Sie noch etwas mehr Geduld und geben Sie bitte nicht auf – die ersten Zeichen werden sicherlich bald kommen!

Können mehrere Personen meinem Baby Zeichen beibringen?

Kein Problem. Je mehr Personen mit Ihrem Kind unter Verwendung von Babyzeichen kommunizieren, desto besser. Vor allem ältere Geschwister sollten aktiv in die Vermittlung der

Zwergensprache einbezogen werden, da dies die gemeinsame Bindung stärkt und die Grossen sich bei dieser Aufgabe sehr wichtig und nützlich fühlen.

Tagesmuttis oder Betreuer in der Kinderkrippe können ebenfalls Ihrem Kind neue Zeichen beibringen und sollten unbedingt die bereits gelernten mit Ihrem Baby praktizieren. Das Wörterbuch der Babyzeichensprache wird helfen - Ihnen, Ihrer Familie, Betreuern und Freunden.

Kapitel 3: Wie geht es weiter

Einführen weiterer Babyzeichen

Nachdem Ihr Baby seine ersten Zeichen gemeistert hat, wird es neue nun wesentlich schneller lernen und so seinen Wortschatz nach und nach vergrößern.

Führen Sie jetzt im zweiten Schritt neue Babyzeichen für die Dinge ein, die Sie persönlich für nützlich halten. Überlegen Sie dabei, welche Zeichen Ihren gemeinsamen Alltag leichter und entspannter gestalten könnten.

Sie brauchen nicht für jedes Wort ein Zeichen lernen. Suchen Sie sich einfach Babyzeichen für die Dinge, für die sich Ihr Baby am meisten interessiert. Schon einige wenige Babyzeichen können Ihren Alltag wesentlich erleichtern und außerdem eine Menge Spaß mit Ihrem Zwerg bringen.

Das Wörterbuch im Anhang enthält die wichtigsten Zeichen, die sich um die täglichen Rituale wie Mahlzeiten, baden oder Schlafen gehen drehen. Aber auch lustige Sachen wie Tiere oder Spielzeug kommen nicht zu kurz. Das sind alles Dinge, über die Babys gern mit Ihnen austauschen möchten.

Jedes Baby hat natürlich andere Interessen. Der eine Kleine begeistert sich für alles mit Rädern, und ein anderes Kind liebt Katzen über alle Maßen oder Ausflüge auf den Spielplatz. Achten Sie auf die Interessen Ihres Babys. Sie kennen Ihr Kind am besten und nur Sie können sagen, welche neuen Zeichen für Ihr Kind motivierend sein werden.

Wenn Ihr Kind auf etwas zeigt und Sie dann fragend anschaut, dann erklären Sie ihm, was es sieht und zeigen Sie ihm das entsprechende Babyzeichen dafür. Dabei ist es hilfreich, wenn Sie Ihrem Kind immer ein paar Zeichen voraus sind.

Die Babyzeichen, die Sie in diesem Buch finden, drehen sich, wie schon gesagt, um all die interessanten Dinge in Babys Welt. Am spannendsten sind für die Kleinen natürlich Ausflüge mit Mama oder Papa. Wenn Sie Ihrem Kind Babyzeichen zeigen für die Dinge, die Sie unternehmen, dann können Sie sich prima darüber unterhalten - in Vorfreude oder auch hinterher z. B. abends vor dem ins Bett gehen.

Erzählen Sie z. B., dass Sie beide gleich die Schuhe anziehen werden, um einen Ausflug zu machen. Zeigen Sie Ihrem Kind unterwegs Bäume, Enten, Vögel, Schafe oder sonstige Tiere. Und vergessen Sie nicht ein ganz wichtiges Zeichen: Haus oder nach Hause. Ihr Kind weiß dann, dass sich der Ausflug dem Ende neigt und wo es nun hingeht. Dieses Zeichen ist gerade deshalb auch wichtig, weil Ihr Kind damit selbst sagen kann, wenn es wieder heim möchte. Dieses Zeichen ist auch sehr praktisch, wenn der Zwerg müde wird oder sich vor etwas fürchtet.

Entdecken von Einsatzmöglichkeiten für Babyzeichen

Sie haben sich bestimmt schon für einige Zeichen entschieden, welche Sie Ihrem Baby beibringen möchten. Wann und vor allem wie bringt man diese nun dem Kleinen bei?

Am wichtigsten ist es, dass Ihr Kind eine Verbindung zwischen dem Gegenstand und dem Zeichen herstellen kann. Die entsprechende Assoziation ist die Voraussetzung, damit Ihr Kind ein Zeichen lernt und es im richtigen Zusammenhang gebrauchen kann. Am besten ist es, Sie halten Ausschau nach entsprechenden Einsatzmöglichkeiten für Ihre ausgewählten Zeichen oder Sie schaffen geeignete Situationen dafür.

Was meine ich damit? Wenn Sie Ihrem Kind z. B. Babyzeichen für Kleidungsstücke beibringen möchten, wann fangen Sie damit wohl an? Ganz klar – wenn Sie Ihren Zwerg morgens anziehen oder für den Spaziergang seine Schuhe, Jacke und Mütze holen oder wenn Sie ihn abends wieder ausziehen. Sie können auch Kleidungsstücke an sich selbst benennen. Was viel Spaß macht ist, gemeinsam verkleiden spielen. Dabei kann man auch Papas oder Omas Sachen mit einbeziehen. Worüber man lacht, daran erinnert man sich auch gern wieder!

Das gleiche gilt für Babyzeichen für Tiere – am besten Sie schauen gemeinsam ein Buch an oder gehen in den Tierpark. Was ich also betonen will ist, dass Sie Ihrem Kind die Babyzeichen immer nur im Kontext beibringen sollten. Damit Ihr Kind die Zeichen lernt, muss es eine entsprechende Verbindung herstellen können.

Am besten funktioniert die ganze Sache aber, wenn Sie sie Ihrem Baby überlassen. Folgen Sie einfach einmal Ihrem Kind und lassen Sie sich an die Hand nehmen. Vielleicht interessiert sich Ihr Kind im Moment ja gar nicht so sehr für Schuhe, Jacke und Mütze. Vielleicht bringt es Ihnen ja sein Lieblingsbuch, damit Sie es gemeinsam anschauen – eine ideale Chance, um neue Zeichen einzuführen!

Also immer schön flexibel bleiben und bei Kindern auf alles gefasst sein. Sie sollten Ihrem Kind daher immer um ein paar Zeichen voraus sein. Wer weiß, woran es morgen interessiert ist. Vielleicht ist es ja dann der Schuh oder etwas ganz Neues. In Buch finden Sie zum Glück die wichtigsten Babyzeichen für alle Lebenslagen. Was vor allem ganz wichtig ist: Erkennen Sie die jeweilige Situation als Ihre Chance, um neue Zeichen anzubringen oder bereits bekannte zu wiederholen.

Festigen der bereits erlernten Babyzeichen

Haben Sie Englisch oder Französisch in der Schule gelernt? Und wie sieht es heute mit diesen Sprachkenntnissen aus? Wenn wir eine Sprache nicht mehr benutzen, dann vergessen wir sie meist ganz schnell.

So ist es auch mit den Babyzeichen. Wenn man sie nicht ständig wiederholt und vorführt, dann wird Ihr Baby sie wieder vergessen. Und das wollen wir ja nicht. Also lautet unsere Devise: wiederholen, so oft es geht. Denn das ist der wichtigste Teil des Erfolges. So bauen Sie auch immer wieder auf den Zeichen auf, die Ihr Kind bereits kennt. Und bei den Dingen, bei denen sich die Kleinen auskennen, fühlen sie sich stolz und sind happy. Geht uns Grossen ja genauso.

Nur Langeweile darf bei häufiger Wiederholung nicht aufkommen, sonst sind Sie womöglich noch versucht, wieder aufzuhören. Also seien Sie lieber kreativ und denken Sie sich neue Spiele, Lieder oder Situationen aus, bei denen Sie die Babyzeichen einbeziehen können. Wir haben versucht, einige Spielanregungen für Sie in Kapitel 5 zusammenzustellen.

Babyzeichen für abstrakte Begriffe

Zeichen einzuführen, die dem Gegenstand oder der Tätigkeit, für die sie stehen, sehr ähneln, ist natürlich nicht allzu schwer. Das „Buch“ oder die „Kuh“ oder auch „essen“ lässt sich alles gut nachmachen und sieht der realen Sache auch sehr ähnlich. Für die Kinder ist es dann leichter, die richtige Assoziation zu erkennen.

Doch wie geht man nun mit abstrakten Dingen um, wie z. B. Schmerzen oder helfen? Hier ist es nicht ganz so einfach. Sie haben ja bereits im Kapitel: „Mit welchen Babyzeichen sollte man beginnen“ ein Zeichen für ein abstraktes Wort gelernt und das war „mehr“. Wie sind wir da vorgegangen? Wir haben versucht, eine Situation zu schaffen, in der das Kind „mehr“ von etwas haben wollte, z. B. beim Essen, Singen oder Spielen.

Mit anderen abstrakten Begriffen macht man es genauso. Man denkt sich etwas aus: z. B. um das Zeichen für „Schmerzen“ oder „aua“ vorzuführen. Nun sollen Sie Ihrem Kind nicht absichtlich wehtun, aber wenn es das nächste Mal hinfällt, dann trösten Sie es und zeigen Sie ihm das Zeichen für „Aua“ – in diesem Fall am Knie. Stößt es sich am Kopf, dann zeigen Sie „Aua“ am Kopf usw.

Ganz clevere Eltern tun selbst so, als hätten Sie sich gerade wehgetan. Am besten fünf bis zehn Minuten nachdem Ihrem Kind das gleiche passiert war und am besten auch an der gleichen Stelle Schmerzen vortäuschen (z. B. am Kopf). Übertreiben Sie bei den Schmerzen ruhig ein bisschen. Später können Sie auch an anderen Stellen Schmerzen vortäuschen, nur nicht so oft, sonst denkt Ihr Baby noch, es hätte die ungeschicktesten Eltern der Welt.

Der Vorteil des Zeichens „Aua“ ist aber, dass die Kinder später sagen können, wenn sie Zahnschmerzen, Bauchweh oder Ohrenschmerzen haben. Also ein sehr hilfreiches Zeichen.

Ein anderes ähnlich nützliches Zeichen ist „helfen“. Es kann ganz entscheidend dazu beitragen, dass eine Menge Wutanfälle gar nicht erst auftreten, vor allem in dem Alter bevor die Kleinen sprechen können, aber auch hinterher noch, weil die Kleinen dann eher gelernt haben, wie man einem Teil des Frustes beikommen kann.

Sie müssen nun also nicht mehr unbedingt in das Spiel Ihres Kindes eingreifen, denn es kann mit dem Zeichen „helfen“ um Ihre Unterstützung bitten, wenn es sie braucht. Es kann so z. B. nach Ihrer Hilfe fragen, wenn ein Spielzeug sich nicht richtig zusammenstecken lässt oder Ihr Zwerg es nicht schafft, seine geliebten Schuhe anzuziehen oder sein Kuscheltier aus dem Bett zu angeln.

Generell haben Sie durch das Zeichen „helfen" bessere Aussichten auf weniger Wutanfälle – was aber nicht heißen soll, auf absolut keine Wutanfälle mehr. Ein paar Ausbrüche gehören zum Groß werden schon dazu.

Und auch Sie sollten Ihr Kind bitten, Ihnen zu helfen – kleine Menschlein fühlen sich dann ganz groß - bei uns waren die Favoriten: helfen beim Wäsche aufhängen, helfen beim Einkaufstaschen auspacken und ganz besonders beim Rasen mähen oder Laub aufsammeln!

Wie beziehe ich Familienmitglieder und Betreuer ein?

Beziehen Sie andere Familienmitglieder von Anfang an mit ein. Je mehr Gesprächspartner und Vorbilder Ihr Baby hat, desto besser. Bringen Sie Ihrer Familie die ausgewählten Babyzeichen bei und halten Sie die anderen über den Fortschritt Ihres Babys auf dem Laufenden. Das geht ganz einfach mit unserem kleinen Buch, in das Sie eintragen können, welche Zeichen Sie wann eingeführt haben und welche Ihr Baby davon bereits benutzt.

- **Grosseltern:**
  Wenn Sie das Glück haben, dass die Grosseltern in der Nähe sind, dann halten Sie sie über Babys Fortschritte auf dem Laufenden. Es ist wichtig, dass die Grosseltern verstehen können, was Ihr Baby versucht mitzuteilen. Auch Tanten oder Onkel, die das Kind häufiger sieht, sind keine Ausnahme – einfach alle mit einbeziehen.

- **Geschwister:**
  Geschwister werden garantiert viel Spaß an Babyzeichen haben. Die Grossen können sich dabei sehr wichtig fühlen und sind auch wirklich eine Unterstützung für die Eltern. Es wird für den großen Bruder oder die große Schwester schon etwas sehr besonderes sein, wenn sie mit einbezogen werden und ihrem kleinen

Geschwisterchen etwas ganz Wichtiges beibringen können. Der Vorteil ist außerdem, dass diese gemeinsame Erfahrung die Bindung zwischen Geschwistern stärkt und eventuelle Rivalitäten zwar nicht vermeidet, aber zumindest doch verringern kann.

- **Betreuer:**
  Tagesmuttis, Kindermädchen, Au-pairs oder Babysitter sollten ebenfalls über die Zeichen, die Ihr Baby kann, informiert sein. Wenn sich dieser Personenkreis aktiv an der Babyzeichenprache beteiligt, wäre es natürlich toll, schließlich wollen Sie ja alle das Baby verstehen und auf seine Bedürfnisse eingehen können.

- **Kinderkrippe:**
  Hier gilt das gleiche wie für andere Betreuungsformen: Je mehr Sie die anderen Personen einbeziehen, desto mehr zahlt sich dies für Ihr Kind aus. Wenn Ihr Baby verstanden wird, ist das Leben für alle Seiten leichter und lustiger. Also ermutigen Sie auch das Personal der Kinderkrippe, konsequent mit Ihrem Kind Babyzeichen zu benutzen. Auch die anderen Kinder würden davon profitieren.

Häufige Fragen und Antworten

Werden andere Leute Schwierigkeiten haben, mein Baby und seine Zeichen zu verstehen?

Am Anfang vielleicht schon. Ein Teil der Zeichen und Kommunikationsversuche Ihres Babys kann sicherlich aus der Situation heraus von Außenstehenden erraten werden. Die Babyzeichen orientieren sich schließlich an natürlichen Gesten und ähneln häufig den Gegenständen und Tätigkeiten, die sie darstellen. Wenn dies nicht der Fall ist, werden sicherlich Mama oder Papa zu Rate gezogen.

Ähnlich verhält es sich ja auch mit Babys ersten Worten und seiner brabbelnden Babysprache. Hier müssen die Eltern auch häufig übersetzen, damit andere Leute das Kind verstehen.

Warum beziehen Sie die Personen, mit denen Ihr Kind häufig Kontakt hat, nicht einfach in das Erlernen der Zwergensprache ein? Es bringt für alle Seiten Vorteile und die Babyzeichen sind wirklich nicht schwer!

Wie können auch Babys von berufstätigen Eltern von der Zwergensprache profitieren?

Ganz einfach - indem Sie die Babyzeichen während Ihrer gemeinsamen Zeit benutzen. Es ist ganz leicht und braucht keine extra Zeit. Lassen Sie die Zeichen einfach in Ihre normale Unterhaltung beim Anziehen, Windeln, Baden, Essen und der Gute-Nacht-Geschichte einfließen. Es wird Ihre Kommunikation ohne Zweifel bereichern und den Alltag erleichtern, weil Ihr Kind weniger frustriert ist und seine Bedürfnisse mitteilen kann.

Vielleicht können Sie auch Ihre Tagesmutti, Grosseltern oder andere Betreuer an der Zwergensprache teilhaben lassen. Erzählen Sie Ihnen, welche Babyzeichen Ihr Kind gerade lernt und wie diese aussehen. Mit dem Wörterbuch der Zwergensprache können auch andere Leute sich schnell mit den Babyzeichen vertraut machen.

Und legen Sie für Ihr Baby ein „Tagebuch der Babyzeichen“ an, in welches Sie eintragen können, welche Zeichen wann von Ihnen eingeführt wurden und ab wann sie Ihr Kind benutzt. So können Sie alle wichtigen Informationen schnell weitergeben.

Es mag vielleicht ein bisschen länger dauern, bis Ihr Baby die ersten Zeichen lernt. Aber hat es das Prinzip erst einmal verstanden, wird auch Ihr Kleines schnell zum begeisterten Zwergensprachler werden und die gemeinsame Zeit damit bereichern.

Kapitel 4: Für fortgeschrittene Babys

Babyzeichensprache – babyleicht gemacht

Babyzeichensprache soll babyleicht sein. Je mehr neue Zeichen Sie lernen, desto mehr verführt dies natürlich dazu, diese auch alle anzuwenden. Damit Ihr Baby Sie versteht, sollten Ihre Aussagen am Anfang möglichst kurz und einfach sein. Sie können natürlich so viele Babyzeichen mit Ihrem Kind verwenden, wie Sie möchten, aber je einfacher Sie es für Ihr Kind machen, desto eher wird sich ein Erfolg einstellen.

Ab ungefähr sechs Monaten beginnen Babys ganz instinktiv, aus den einzelnen Bausteinen Ihrer Aussage diejenigen Wörter herauszufiltern, die sie bereits kennen und verstehen. Durch den Gebrauch eines einzelnen Babyzeichens können Sie für Ihr Kind das Wort noch einmal herausstellen, auf das es im Satz wirklich ankommt.

Wenn Sie z. B. die Aufmerksamkeit des Kindes auf einen Vogel im Park lenken wollen, dann sprechen Sie normal und benutzen Sie das Zeichen für Vogel: „Schau mal, da sitzt ein kleiner **Vogel** auf der Wiese. Siehst du den **Vogel**?“ Später können Sie auch die Wörter **sitzen**, **klein** oder **Wiese** hinzunehmen.

In unseren Kursen kommen in den Liedern, die wir mit den Eltern singen, auch mehrere Zeichen pro Satz vor. Auf diese Weise möchten wir Ihnen viele verschiedene Zeichen beibringen und die Babyzeichen so oft wie möglich mit Ihnen wiederholen und üben. Die Vielzahl der Zeichen in den Liedern stört aber insofern nicht, da Ihr Kind die Zeichen sicherlich erst von Ihnen zu Hause lernt, indem Sie sie regelmäßig verwenden, und sie ihm zeigen. So nach und nach lernt es dann auch, diese an den entsprechenden Stellen der Lieder einzusetzen. Bein Sprechen sollten Sie aber darauf achten, die Sprache und die Anzahl der verwendeten Babyzeichen entsprechend den Lernfortschritten Ihres Kindes zu wählen.

Kombinieren von Babyzeichen

Wenn Sie und Ihr Baby langsam kleine Meister in der Babyzeichensprache sind und in die höheren Weihen aufsteigen wollen, dann könnten Sie versuchen, zwei Zeichen miteinander zu kombinieren. Z. B. „Möchtest Du **mehr** zu **essen**?“

Für Ihre gemeinsame Kommunikation ist das Kombinieren von Zeichen nicht unbedingt notwendig, aber mit älteren Babys unter Umständen ganz hilfreich. Eventuell fängt Ihr Kind auch ganz allein damit an, so wie es später auch Wörter kombinieren wird.

Einige Beispiele für die Kombination von Babyzeichen können sein: „**mehr** zu **essen**“ oder „**mehr** zu **trinken**“ oder „**mehr Apfel**“ usw. Sie können auch fragen „**Wo** ist der **Ball**?“, „**Wo** ist **Papa**?“ Als wichtige Kombination hat sich auch bewährt „**nicht anfassen**“ – zum Beispiel wenn etwas heiß oder scharfkantig ist oder man bei Freunden oder Bekannten zu Besuch ist, wo leicht etwas kaputt gehen könnte. Wie beim Einführen neuer Zeichen müssen Sie auch beim Kombinieren wieder darauf achten, die Zeichen immer im Kontext zu verwenden, diese konsequent zu gebrauchen und so oft wie möglich zu wiederholen!

Andere Leute und Personen benennen

Haben Sie gute Freunde, die Sie häufig besuchen oder hat Ihr Kind eine Tante oder einen kleinen Freund, den es gern mag? Warum führen Sie dann nicht auch für diese Leute ein selbst erdachtes Babyzeichen ein? Damit können Sie sich über anstehenden Besuch oder Erlebnisse unterhalten und vor allem auch die Vorfreude Ihres Babys steigern.

Das Ausdenken von neuen Zeichen ist ein bisschen so wie bei Spitznamen. Am besten wird es von den Babys verstanden, wenn Sie ein markantes Merkmal – wie z. B. lockige Haare, einen Bart, die Brille usw. – auswählen.

Um die Zeichen regelmäßig wiederholen zu können, ohne ständig Besuch haben zu müssen, könnten Sie für Ihr Baby ein kleines Photoalbum zusammenstellen. Das ist auch besonders schön, wenn enge Verwandte, wie Oma und Opa weit weg wohnen und Ihr Baby sie nicht so häufig sieht. Dann sind sie trotzdem ein Teil von seiner kleinen Welt und es fremdelt nicht, wenn es sie das nächste Mal sieht.

Kapitel 5: Anregungen und Spielideen

Spielideen zum Einsatz von Babyzeichen

Im Alltag benutzen Sie die Babyzeichen sicherlich regelmäßig. Besonders viel Spaß macht es den Kleinen, wenn Sie auch beim Spielen Babyzeichen einbeziehen, vor allem die, die Ihr Kind bereits kennt. Auf diese Weise wiederholen Sie die Zeichen auch gleich noch einmal. Erinnern Sie sich, was wir am Anfang sagten? Je öfter Sie ein Zeichen wiederholen, desto eher wird Ihr Kind es lernen, und desto besser wird es sich daran erinnern. Ein paar Spielideen zur Wiederholung der Babyzeichen könnten z. B. sein:

- **Badewannen-Spaß:**

  Nehmen Sie verschiedene Spielzeuge mit in die Badewanne wie z.B. eine Ente, einen Fisch, ein Plastikbuch, ein Boot oder andere Gummitiere, die quietschen oder spritzen. Fragen Sie Ihr Kind: „**Wo** ist die **Ente**?“ „Findest du deine **Ente**?“ oder „Gibst Du Mami das **Boot**?“ „Da ist ja das **Boot**!“

  Sie können die Spielsachen auch am Badewannenrand aufstellen und Ihr Baby fragen, welches der Dinge als nächstes einen Schubs ins Wasser bekommen soll. Dazu muss Ihr Kind allerdings die Babyzeichen für die jeweiligen Spielsachen bereits beherrschen oder Sie nutzen dies als Gelegenheit, ihm ein neues Zeichen beizubringen. Dann sollten Sie sich auf einen Gegenstand konzentrieren und das Spiel, so lange es Spaß macht, wiederholen.

  Sie können auch verschiedenfarbige Bälle mit ins Wasser nehmen, um Ihrem Kind die Farben beizubringen.

Nehmen Sie z.B. mehrere grüne und einen roten Ball. Fragen Sie: „Welches ist der **rote** Ball?“ Variieren Sie die Farben und die Anzahl der Bälle von Bad zu Bad. Es gibt auch schwimmende Ringe, denen Ihr Baby einen Ball in der gleichen Farbe zuordnen kann.

- **Tiere abdecken:**

Nehmen Sie Ihr Lieblingsbuch über Tiere und bedecken Sie eines der Tiere mit einem Stück Papier. Nun können Sie fragen: „**Wo** ist die **Kuh**?“ Decken Sie das Bild auf und freuen Sie sich über Ihre gemeinsame Entdeckung: „Da ist die **Kuh**!“

- **Seifenblasen:**

Seifenblasen sorgen immer für leuchtende Kinderaugen und faszinieren die Kleinen. Machen Sie ein paar Seifenblasen und warten Sie, bis alle geplatzt sind. Dann können Sie zeigen: **alle-alle** und fragen: „Möchtest du noch **mehr**?“ „Soll Mami noch **mehr** Seifenblasen machen?“

Dieses Spiel eignet sich schon für die Allerkleinsten und ist ideal, wenn Sie gerade versuchen, die ersten Babyzeichen einzuführen. Später können Sie dann auch die Babyzeichen für **große** und **kleine** Blasen, die **hoch** oder **runter** fliegen, mit ins Spiel einbeziehen.

- **Verstecken spielen:**

Benutzen Sie das Zeichen “**wo**?“ mit den Gegenständen, die sie verstecken. Dann können Sie fragen: „**Wo** ist der **Teddy**?“ oder „**Wo** ist das **Telefon**?“. Dann lassen Sie den Gegenstand wie durch Zauberhand verschwinden.
Ist Ihr Baby schon etwas älter, dann darf es ihn alleine wieder finden. Ist es etwas jünger, dann darf Ihr Baby

zusehen, wie und wo Sie etwas versteckt haben, zum Beispiel die Puppe unter einer Decke. Spielen Sie „**Wo** ist es?“ und lassen Sie Ihr Baby den Gegenstand finden oder helfen Sie ihm dabei.

Dieses Spiel kann beliebig wiederholt werden. Um den Schwierigkeitsgrad etwas zu erhöhen, können Sie auch zwei bis drei Sachen auf einmal verstecken.

- **Luftballons:**

Luftballons eignen sich nicht nur für ältere Babys, um Farben zu lernen, man kann sie auch mit kleineren Kindern prima ins Spiel integrieren. Pusten Sie einen Luftballon auf: „Eins, zwei, drei und – pusten!“ Dabei wird der Ballon **groß** und **größer**. Dann kann man ihn fliegen lassen, bis die Luft raus ist und fragen: „**Wo** ist er hin?“. Und nun das ganze noch einmal – „noch **mehr**?“ – diesmal vielleicht mit einer anderen Farbe.

- **Spielen Sie mit Puppen oder Teddybär:**

Während Ihr Baby zusieht, fragen Sie die Puppe, ob sie etwas zu **essen** möchte, etwas **Milch** und noch **mehr**. Auf diese Weise können Sie auch die anderen Zeichen wiederholen, die Ihr Baby bereits kennt oder gerade lernt wie z.B. die **Windel wechseln**, die **Mütze** aufsetzen, die **Jacke** anziehen usw.

- **Bilder zeichnen:**

Setzen Sie Ihr Baby neben sich und zeichnen Sie mit Stiften oder auf einer Maltafel die Dinge, für die Ihr Baby bereits die entsprechenden Zeichen kennt. Sagen Sie Ihrem Kind, was Sie als nächstes malen werden (Zeichen) und zeigen Sie ihm das Babyzeichen noch einmal, wenn Ihr Bild vollendet ist.

Heben Sie dabei die charakteristischen Eigenschaften der gezeichneten Dinge hervor, die auch das Babyzeichen ausmachen: z.B. die **Kuh** hat Hörner, der **Ball** ist rund, der **Hase** hat lange Ohren, das **Schwein** hat eine Rüsselnase, der **Elefant** hat einen langen Rüssel, die **Ente** hat einen Schnabel, der quakt und der **Vogel** hat einen kleinen Schnabel und Flügel zum Fliegen.

Ist Ihr Kind schon etwas älter, können Sie es auch bestimmen lassen, was Sie als Bild malen sollen. Sie können auch versuchen, gemeinsam den Stift zu halten und die Hand des Kindes zu führen – wichtig ist dabei, dass Sie dazu sprechen, was Sie im Einzelnen malen: z.B. das werden die Räder vom Auto und nun kommt das Dach und die Tür usw.

- **Memory® – Spiel mit Bildpaaren:**

Schneiden Sie Bilder von beliebten und bekannten Gegenständen aus. Machen Sie eine Kopie von jedem Bild, so dass gleiche Paare entstehen. Legen Sie alle Bilder mit der Bildfläche nach unten und spielen Sie Memory. Sie können auch ein Memo-Spiel mit Pappe- oder Holzbildchen kaufen.

Dieses Spiel eignet sich besonders, um Babyzeichen zu wiederholen und zu festigen, vor allem wenn Sie Bilder benutzen, deren Zeichen Ihr Kind bereits kennt (z. B. Ball, Buch, Ente usw.). Selbst wenn Ihr Zwerg noch keine Paare findet – tun Sie es einfach für ihn. Und sprechen Sie bei jedem Schritt dazu, wie Sie einen Gegenstand wählen (Zeichen) und dann den zweiten dazu finden (Zeichen).

- **Singen Sie Kinderlieder:**

  Singen Sie Kinderlieder (z. B. Old Macdonalds Bauernhaus) und benutzen Sie die entsprechenden Zeichen dazu. Auch Reime oder Fingerspiele eignen sich sehr gut. Sie können Ihrem Kind helfen, indem Sie ein Bilderbuch oder Gummitiere oder Plüschtiere dazunehmen, um ihm die jeweiligen Tiere während des Singens oder Reimens zu zeigen.

  Ein paar Anregungen, wie man die Babyzeichen in die Lieder und Reime einbezieht, finden Sie am Ende dieses Kapitels.

- **Satz oder Lied ergänzen lassen:**

  Regen Sie Ihr Kind dazu an, mit Ihnen zu singen und Zeichen dazu zu machen. Singen Sie Ihre Lieblingslieder und benutzen Sie an den entsprechenden Stellen die Babyzeichen.

  Wenn Ihr Kind die Lieder und Zeichen dann kennt, können Sie auch während des Singens plötzlich anhalten kurz bevor ein Babyzeichen kommt und darauf warten, dass Ihr Baby dieses ergänzt. Warten Sie auf Ihr Kind und geben Sie ihm genug Zeit.

- **Bücher gemeinsam lesen:**

  Schauen Sie sich die Bücher an, die Sie schon haben. Lesen Sie Ihrem Kind so oft wie möglich etwas vor und benutzen Sie für die Hauptwörter die Babyzeichen, die Ihr Kind kennt. Babys lieben Wiederholungen, also lesen Sie dieselben Bücher immer wieder.

- **Bücher mit Babyzeichen benennen:**

  Wie kann Ihr Kind Ihnen mitteilen, welches Buch es gern mit Ihnen anschauen möchte, z.B. wenn es vor dem Einschlafen noch eines aussuchen darf? Ganz einfach – benennen Sie jedes Buch, indem Sie jedem Titel oder Hauptcharakter des Buches ein Babyzeichen zuordnen. Für „Die kleine Raupe Nimmersatt" steht bei uns der Wurm. „Weißt Du eigentlich, wie lieb ich dich hab?" ist das Buch von den Hasen. Ein anderes hat auf dem Einband ein Krokodil oder einen Teddy usw.

- **Spiel mit einzelnen Bildern:**

  Schneiden Sie Bilder aus oder benutzen Sie Spielzeug oder echte Gegenstände wie z. B. ein Auto, einen Elefanten, eine Blume, einen Löffel usw. Bringen Sie Ihrem Kind die Babyzeichen und Wörter bei, indem Sie reale Gegenstände und Bilder benutzen. Z.B. „Schau mal hier, das ist eine **Blume**." Sie können dann auch sagen: „Schau mal, das ist eine ...." und warten, dass Ihr Kind nun das Zeichen für **Blume** zeigt.

  Wenn Sie sicher sind, dass Ihr Baby die Bilder oder Gegenstände kennt, dann geben Sie ihm das Bilder von einer Blume und das vom Elefanten. Fragen Sie es: „Gibst du mir die **Blume**?" Halten Sie ihm Ihre Hände hin, in Erwartung etwas zu erhalten. Wenn Ihr Kind nicht reagiert, dann halten Sie Ihre Hand nah an das Bild, welches es Ihnen geben soll. Sie können nach und nach auch die Anzahl der Bilder erhöhen, aus denen es eines auswählen soll.

- **Photoalbum zusammenstellen:**

  Stellen Sie für Ihr Baby ein Photoalbum zusammen. Nutzen Sie hierfür nicht nur Bilder von

Familienmitgliedern sondern auch solche mit Eindrücken von gemeinsamen Ausflügen – z.B. von Haustieren, den Tieren im Zoo oder auf dem Bauernhof, das Auto von Papa oder Mama, Blumen im Garten, Freunde der Familie oder andere Babys und Kinder.

Auch Situationen aus dem Babyalltag können Sie auf diese Weise nutzen, um Babyzeichen zu wiederholen und zu festigen, so z.B. Ihr Kind beim Baden, beim Anziehen, beim Essen, im Kinderwagen, im Bett, mit seinem Lieblingsspielzeug oder Teddy, beim Ball spielen usw.

Große Photomappen, die sich an die Wand oder Tür hängen lassen, eignen sich ebenso wie Pinnwände oder Magnettafeln. Sie können Ihre eigenen Schnappschüsse oder auch Postkarten mit für Ihr Baby interessanten Motiven beispielsweise auch an den Kühlschrank heften.

- **Platzsets basteln:**

  Gerade nach dem Essen ist die Konzentrationsfähigkeit der Kleinen recht hoch, vor allem nach dem Frühstück. Basteln Sie kleine Platzsets für den Tisch oder Hochstuhl, indem Sie Bilder ausschneiden oder Aufkleber verwenden und dann laminieren. Basteln Sie verschiedene Sets zu einzelnen Themengebieten z.B. alles rund ums Baden (Ente, Boot, Fisch, Wasser), alles zum Essen (Apfel, Banane, Milch, Keks) oder rund um die Abendroutine (Bett, Windel, Buch, Teddy, Mond, Stern), um auch auf diese Weise Babyzeichen und erste Wörter einzuführen und zu festigen.

- **Babyzeichen für Tiere:**

  Um Babyzeichen für Tiere zu wiederholen oder neu zu lehren, könnten Sie z. B. mit Ihrem Kind Bücher mit Tieren anschauen oder mit Hartgummitieren spielen.

Füllen Sie eine Box oder einen kleinen Stoffbeutel mit ausgewählten Tieren und sagen Sie zu Ihrem Kind: „**Hörst** du das? – **Muuuh!** (Zeichen) „**Was** ist denn das?“ – dann holen Sie die Kuh hervor und zeigen Ihrem Kind das Babyzeichen noch einmal oder Sie warten, dass Ihr Kind Ihnen das richtige Zeichen zeigt. Sie können sich über die Kuh unterhalten und danach sagen Sie „winke-winke“ zur Kuh und fragen: „Willst du noch **mehr**?“ usw.

Auch Bücher vom Bauernhof oder Zoo, die Geräusche und Tierlaute auf Knopfdruck imitieren, eigen sich in gleicher Weise.

Falls Sie Lust auf einen Ausflug haben, gehen Sie in den Park zum Enten füttern. Dort laufen Ihnen bestimmt auch Hunde und Vögel über den Weg. Wer etwas mehr Zeit hat, kann gemeinsam in den Zoo oder in den Tierpark gehen. Vielleicht haben Sie aber auch Verwandte oder Freunde mit einem Bauernhof. All dies sind tolle Möglichkeiten, um Ihrem Kind die Welt zu zeigen und ihm neue Zeichen beizubringen.

Ausgewählte Kinderlieder und Reime mit Babyzeichen

A B C, die Katze lief im Schnee

A B C, die **Katze** lief im Schnee.
Und als sie dann nach **Hause** kam,
da hatt' sie weiße **Stiefel** (Schuhe) an.
A B C, die **Katze** lief im Schnee.

Alle meine Entchen

Alle meine **Entchen**
schwimmen (Schwimmbewegung) auf dem See,
schwimmen (Schwimmbewegung) auf dem See.
Köpfchen in das **Wasser**,
Schwänzchen in die **Höh** (oben).

Gretel, Pastetel

Gretel, Pastetel, **was** machen die **Gäns** (Ente)?
Sie **sitzen** im **Wasser** und **waschen** die Schwänz.

Gretel, Pastetel, **was** macht eure **Kuh**?
Sie stehet im **Stalle** (Haus) und macht immer „muh".

Gretel, Pastetel, **was** macht euer **Hahn**?
Er **sitzt** auf der Mauer und kräht, was er kann.

Hänschen klein

Hänschen **klein** geht allein
in die weite Welt hinein,
Stock und **Hut** stehn ihm gut,
er ist wohlgemut.

Aber **Mama** weinet sehr,
hat ja nun kein Hänschen mehr.
Da besinnt sich das **Kind**.
Kehrt nach **Haus** geschwind.

Häschen in der Grube

Häschen in der Grube
saß und **schlief**, **saß** und **schlief**.
Armes **Häschen**, bist du **krank** (Schmerzen),
dass du nicht mehr hüpfen kannst?
Häschen, hüpf! **Häschen**, hüpf! **Häschen**, hüpf!

Heile, heile Segen

Heile, heile Segen,
drei Tage **Regen**,
drei Tage **Sonnenschein**,
wird schon wieder besser sein.

Heile, heile Segen,
drei Tage **Regen**,
drei Tage **Wind**,
heile, heile liebes **Kind**.

Ich geh´ mit meiner Laterne

Ich geh mit meiner Laterne,
und meine Laterne mit mir.
Dort **oben** leuchten die **Sterne**,
hier **unten** da leuchten wir.
Mein **Licht** ist **aus** (alle-alle), wir gehn nach **Haus.**
Rabimmel, rabammel, rabum.

Mein **Licht** ist **aus** (alle-alle), wir gehn nach **Haus**.
Rabimmel, rabammel, rabum.

Laterne, Laterne

Laterne, Laterne, **Sonne**, **Mond** und **Sterne**!
Brenne auf, mein **Licht**,
brenne auf, mein **Licht**,
aber nur meine liebe Laterne nicht!

Schlaf, Kindchen, schlaf

Schlaf, **Kindchen**, **schlaf**!
Der **Papa** hüt't die **Schaf**.
Die **Mama** schüttelt's **Bäumelein**,
da fällt **herab** ein Träumelein.
Schlaf, **Kindchen**, **schlaf**!

Schlaf, **Kindchen**, **schlaf**!
Am Himmel ziehn die **Schaf**,
die **Sternlein** sind die **Lämmerlein** (Schaf),
der **Mond**, der ist das Schäferlein.
Schlaf, **Kindchen**, **schlaf**!

Suse, liebe Suse, was raschelt im Stroh

Suse, liebe Suse, **was** raschelt im Stroh?
Das sind die lieben **Gänslein** (Ente),
die hab'n keine **Schuh**!
Der Schuster hat's Leder,
kein' Leisten dazu,
drum gehn die **Gänslein** (Ente) barfuss
und hab'n keine **Schuh**!

Anregungen zur Förderung des Sprechen Lernens

Mit der Babyzeichensprache soll Ihnen und Ihrem Baby geholfen werden, die große Lücke zu schließen zwischen dem Stadium, in dem die Kinder schon sehr viel verstehen bis zum Stadium, in dem sie dann sprechen können. Auch wenn die Babyzeichensprache eine ganz besondere Erfahrung für Sie beide sein wird, so ist das eigentliche Ziel doch das Sprechen lernen. Deshalb wurden für Sie noch ein paar Anregungen zusammengestellt, die helfen sollen, diesem Endziel – dem Sprechen Lernen – einen Schritt näher zu kommen.

Sie können die folgenden Vorschläge einfach in Ihren Alltag einbeziehen. Haben Sie Spaß dabei und sorgen Sie vor allem für genügend Abwechslung. Babys lieben Überraschungen und neue Reize!

Reden Sie so oft wie möglich mit Ihrem Baby. Dabei sollten Sie natürlich auch die Babyzeichen verwenden. Erzählen Sie Ihrem Kleinen, was Sie gerade tun – z. B. beim Anziehen oder im Haushalt – oder was Sie sehen – z. B. beim Autofahren oder beim Bücher ansehen. Sie können ihm auch erzählen, was Sie noch alles vorhaben und wen Sie dabei vielleicht treffen werden. Auch über gemeinsame Erlebnisse des Tages lässt es sich abends vor dem Schlafen gehen noch einmal gut reflektieren.

Die gemeinsame Kommunikation lässt sich am besten fördern, indem Sie Ihr Kind in solche Aktivitäten einbeziehen, bei denen man viel reden kann. Spielen Sie gemeinsam, lesen Sie zusammen Bücher, machen Sie Ausflüge und lassen Sie Ihr Baby zuschauen, wenn Sie die Hausarbeit erledigen. Halten Sie Selbstgespräche, wenn Ihr Baby dabei ist, in denen Sie beschreiben, was Sie sehen, hören, tun oder denken. Oder kommentieren Sie, was Ihr Kind gerade macht: „Max spielt mit seiner Eisenbahn."

Reden Sie mit Ihrem Baby über die Dinge, auf die es sich gerade konzentriert und die sein Interesse geweckt haben. Versuchen Sie in dem Moment nicht, seine Aufmerksamkeit auf etwas anderes zu lenken, sondern nutzen Sie lieber die Chance, ihm mehr Informationen zu dem von ihm gewählten Gegenstand zu geben und auf diese Weise seinen Wortschatz zu erweitern.

Sprechen Sie außerdem möglichst nur über die Dinge, die Ihr Baby gerade sieht, denn es kann Ihnen besser folgen, wenn es den jeweiligen Gegenstand auch vor sich hat oder eine Tätigkeit beobachten kann. Vermeiden Sie aus diesem Grund, über Dinge zu reden, die Ihr Baby nicht sehen kann, die in der Vergangenheit passiert sind oder in der Zukunft liegen.

Versuchen Sie Situationen herbeizuführen, in denen Ihr Baby reagieren muss, um etwas zu erreichen. Lassen Sie ihr Kind z.B. auswählen, ob es den roten oder den blauen Pullover anziehen bzw. eine Birne oder eine Banane essen möchte. Solche Entscheidungen verlangen mehr Interaktion als einfache Ja-oder-Nein-Fragen.

Oder benutzen Sie Spielzeug, welches Ihr Baby nicht alleine bedienen kann wie z.B. eine Spieluhr. Wenn die Musik aus ist, warten Sie darauf, wie Ihr Baby reagiert. Wenn es Interesse an der Spieluhr hat, wird es Sie ansehen und versuchen, sich durch Gesten oder mit seinem Stimmchen auszudrücken. Fragen Sie, ob es noch **mehr** (Zeichen) Musik hören möchte, und belohnen Sie seine Kommunikationsversuche, indem Sie die Spieluhr wieder aufziehen.

Wenn Ihr Kind schon etwas älter ist und vielleicht auch schon einige Wörter spricht, dann lesen Sie ihm nicht jeden Wunsch von den Augen ab, sondern warten Sie darauf, dass es selbst versucht, seine Wünsche zu äußern. Kommt es mit einer verschlossenen Keksdose zu Ihnen gerannt, dann warten Sie einfach auf seinen Kommunikationsversuch, bevor Sie reagieren. Wiederholen Sie dann, was Ihr Kind möchte: „Oh, Max möchte einen Keks!" Benutzen Sie dabei kurze einfache Sätze.

Wiederholen Sie die Wörter, die Sie benutzen mehrmals und drücken Sie denselben Sachverhalt mit Hilfe verschiedener Formulierungen aus, so z.B. in einer anderen Situation: „Möchtest Du Dein Fläschchen? Willst Du Deine Milch trinken? Will Maxi Milch trinken? Willst du sie?"

Halten Sie Blickkontakt, wenn Sie mir Ihrem Baby sprechen. Zeigen Sie ihm, dass Sie eine Antwort erwarten, indem Sie etwas zu ihm sagen, den Blickkontakt halten und es erwartungsvoll ansehen. Ihr Kind lernt dann, dass es an der Reihe ist zu reden, wenn Sie eine Pause einlegen.

Antworten Sie möglichst immer auf die Sprech-Versuche Ihres Babys. Sie können auch die Laute Ihres Zwerges imitieren – er macht dann vielleicht dasselbe. Ahmen Sie den Gesichtsausdruck Ihres Babys nach und imitieren Sie sein Lachen. Sprechen Sie mit erhöhter Stimme zu Ihrem Kind – Babys lieben das besonders! Meist macht man dies ganz von allein.

Regen Sie Ihr Kind dazu an, Laute wie „ma", „da" oder „ba" nachzumachen. Sie können ein lustiges Spiel daraus machen, wenn Sie dann wiederum nachmachen, was Ihr Baby vorsagt. Bringen Sie Ihrem Baby außerdem bei, Dinge nachzumachen, wie z. B. klatschen oder eine Kusshand werfen oder winke-winke machen. Auch Fingerspiele wie „Das ist der Daumen" oder „Himpelchen und Pimpelchen" kommen prima an!

Geben Sie Ihrem Baby die Möglichkeit, Wörter zu hören, die sich reimen. Dadurch lernt es Laute kennen, aus denen sich eine Vielzahl von Wörtern zusammensetzen. Sie können z.B. die oben beschriebenen Platzsets mit Bildern basteln, deren Begriffe sich reimen, wie Maus + Haus, Mund + Hund, Hahn + Bahn, Fisch + Tisch, Kind + Wind. Oder Sie bringen diese Bilder mit Magneten am Kühlschrank an oder basteln damit ein Mobile, welches Sie über den Wickeltisch hängen.

Üben Sie, gemeinsam Farben zu bestimmen. Spielen Sie mit bunten Bällen, bunten Stiften oder Kleidungsstücken. Auch verschiedenfarbige Autos oder Buntpapierschnipsel eignen sich gut. Ebenso wichtig ist es, gemeinsam Gegenstände zu zählen – hierfür gibt es vielfältige Möglichkeiten, z. B. einzelne Tiere im Bilderbuch zählen oder Enten in der Badewanne oder Schuhe im Hausflur oder Socken auf der Wäscheleine oder Äpfel oder Schäfchen usw.

Ahmen Sie Tierstimmen nach und führen Sie dazu das entsprechende Babyzeichen ein. Geben Sie den Lauten eine Bedeutung, indem Sie z. B. sagen: „Die Katze macht miau“ oder „Der Hahn macht kikeriki.“

Wenn Ihr Kind bereits einzelne Wörter spricht, dann vervollständigen Sie für ihn einen kurzen Satz. Sagt es z. B. Mama, dann sagen Sie: „Mama ist hier. Mama hat Dich lieb.

Sicher wird es nicht immer leicht sein, sofort zu verstehen, was Ihr Baby Ihnen sagen möchte. Babyzeichensprache hilft hierbei natürlich enorm, aber trotzdem wird es vorkommen, dass Sie den Äußerungen Ihres Zwerges etwas ratlos gegenüber stehen. Dann ist es wichtig, dass Sie ehrlich sagen: „Ich verstehe Dich nicht. Was möchtest du sagen?“ Wenn Sie nur mit einen „okay“ oder „ja ja“ reagieren, bekommt Ihr Kind unter Umständen den Eindruck, dass Sie sich nicht dafür interessieren, was es zu sagen hat. Dann kann es passieren, dass es in Zukunft weniger Versuche unternimmt, sich mitzuteilen. Daher ist es besser, dem Kind zu sagen, welche Wörter man verstanden hat und nachzufragen, was es nun genau möchte oder es sich von ihm zeigen zu lassen.

Lesen Sie so häufig es geht Ihrem Kind etwas vor. Sie können gar nicht früh genug damit anfangen. Wählen Sie stabile Bücher aus mit großen bunten Bildern, die nicht allzu abstrakt sind. Auch solche Bücher, in denen die Kleinen verschiedene Materialien befühlen können oder hinter Türchen schauen können, eignen sich besonders.

Zeigen Sie beim Lesen auf die jeweiligen Gegenstände, Tiere oder Personen und benennen Sie diese. Lesen Sie immer wieder dieselben Bücher. Ihr Kind liebt Wiederholungen und all die Dinge, die ihm vertraut sind. Stellen Sie beim Anschauen der Bücher Fragen – auch wenn Sie selbst die Antworten dazu liefern müssen, z. B. „Wo ist denn der Vogel?" Geben Sie Ihrem Kind genügend Zeit zu reagieren, bevor Sie selbst antworten. Und sprechen Sie mit Ihrem Kind in ganzen Sätzen.

Ganz besonders spannend wird ein Bilderbuch für Ihren Zwerg, wenn Sie viele Geräusche machen, um der Geschichte und den Bildern Leben einzuhauchen. Imitieren Sie ein fahrendes Auto, die Laute verschiedener Tiere, ein startendes Flugzeug oder die Feuerwehr usw. Nicht nur beim Bücher anschauen, sondern auch beim Spielen macht dies Kindern viel Spaß.

Haben Sie als Kind gern Kasperle-Theater gespielt? Der Einsatz von Handpuppen ist eine weitere Idee, um das Sprechen Lernen zu fördern. Kasperle & Co. eignen sich ideal für Rollenspiele und abwechselnde Dialoge. Auch Spielzeug-Telefone sind sehr gut geeignet, um Klingelgeräusche zu imitieren und Ihr Baby zum Sprechen zu animieren.

Sprechen Sie also möglichst viel mit Ihrem Baby und lesen Sie öfter mal etwas vor. Es macht nichts, wenn Ihr Kind noch nicht alles versteht. Sie helfen ihm aber auf diese Art dabei, die einzelnen Bausteine unserer Sprache zu entschlüsseln. Also quasseln Sie munter darauf los und lassen Sie Ihr Baby an all den aufregenden Dingen in Ihrem Alltag teilhaben.

Kapitel 6: Wörterbuch zur Zwergensprache

Im Folgenden finden Sie über 70 Babyzeichen aus den Zwergensprache-Kursen mit Darstellung und Erläuterungen. Unter jedem Zeichen ist noch etwas Platz, so dass Sie hier handschriftlich eintragen könnten, wann Sie das Babyzeichen eingeführt haben, wann Ihr Baby es verstanden hat und auch seit wann es das Babyzeichen selbst benutzt. Auf diese Weise können Sie alle Familienmitglieder oder Betreuer ganz einfach über den Fortschritt Ihres Babys auf dem Laufenden halten.

alle-alle / fertig

Beide Fäuste vor dem Körper aneinander halten, Arme seitlich nach unten bewegen und dabei Fäuste öffnen als ob jede Hand etwas nach unten wirft

Apfel

Hand formt C, Handrücken zeigt nach vorn, Bewegung wie in Apfel beißen – C-Hand im Handgelenk nach oben drehen

Auto

Beide Fäuste vor dem Körper gegenläufig im Halbkreis bewegen als ob man ein Auto lenkt

Baby oder Puppe

Unterarme vor dem Körper ineinander legen und wie ein Baby nach links und rechts wiegen

baden oder sich waschen

Beide Fäuste versetzt am Oberkörper halten und gleichzeitig auf- und abstreichen

Ball

Handflächen nach unten, Daumen angelegt, Hände leicht gewölbt und zusammen, von oben beginnend mit den Händen einen Kreis andeuten, so dass zum Schluss Handflächen nach oben zeigen

Banane

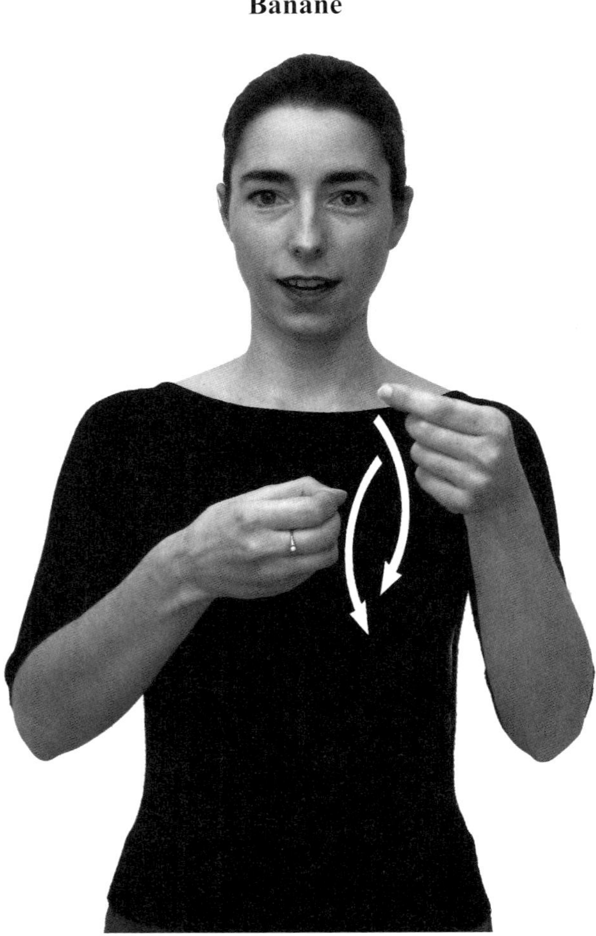

Rechte Hand zur Faust, linke Hand schält zwei Streifen Schale ab – erst einen nach links von der Faust, dann den anderen nach vorn

Baum

Linker Unterarm quer vor Körper gestreckt mit Handfläche nach unten, Ellenbogen des rechten Armes liegt auf linkem Handrücken, Finger der rechten Hand gestreckt mit Handflächen nach innen, rechte Hand 1x im Handgelenk nach vorn und zurück drehen

Biene

Zeigefinger der rechten Hand zeigt nach vorn, restliche Finger zur Faust, mit Zeigefinger horizontal 3 kleine Halbbögen beschreiben

bitte

Arme angewinkelt, beide Hände vor Brust 2x leicht zusammenklatschen

Blume

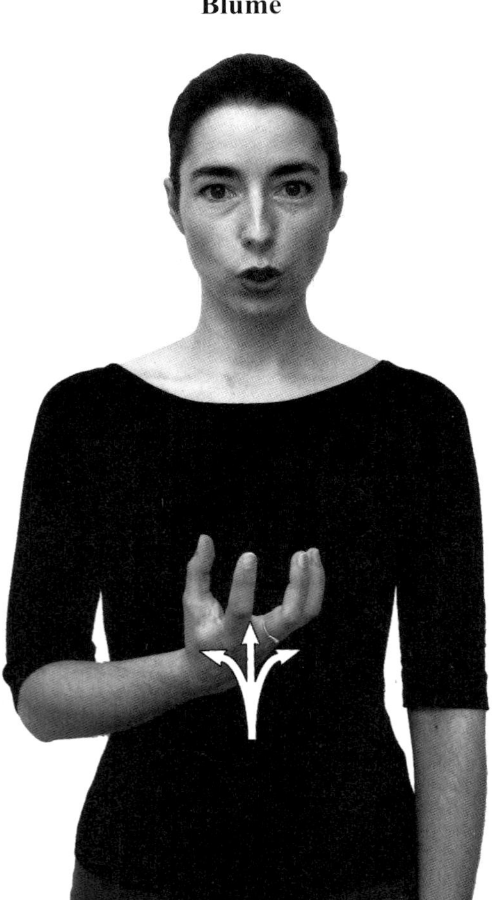

Rechte Hand zur Faust mit Handrücken nach unten, Faust öffnen und Finger abspreizen wie aufblühende Blume

Boot oder Schiff

Arme angewinkelt, Hände gestreckt mit Handflächen nach außen, beide Arme nach vorn schieben und dabei Fingerspitzen zum Dreieck zusammenführen

Buch

Arme angewinkelt, Handflächen zusammen, Fingerspitzen zeigen nach vorn, beide Handflächen wie ein Buch auseinanderklappen, so dass Handflächen zum Schluss nebeneinander nach oben zeigen

Bus

Lenkbewegung wie bei einem Auto nur Fäuste weiter auseinander für ein großes Lenkrad

danke

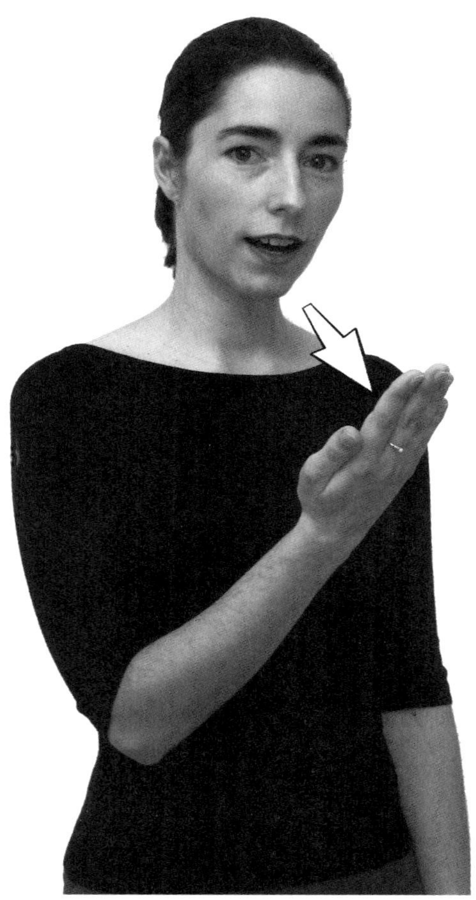

Rechte Hand flach nach oben ausgestreckt, Handrücken zeigt nach vorn, Daumen locker abgespreizt, Fingerspitzen berühren Kinn, Hand nach schräg vorn bewegen auf andere Person zu

Elefant

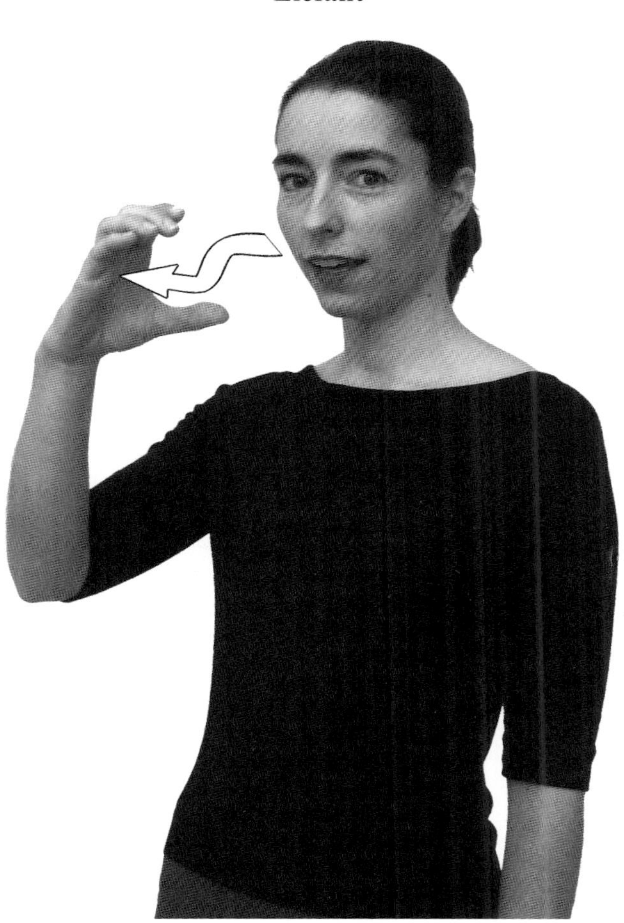

Hand in C Form halten, von Nase beginnend geschwungenen Rüssel nach vorn nachzeichnen

Ente

Finger flach gestreckt, Daumen nach unten abgespreizt, Finger und Daumen mehrmals zusammenbringen und öffnen wie quakender Schnabel

essen

Alle Fingerspitzen der rechten Hand zusammen und 2x zum Mund führen

Fenster

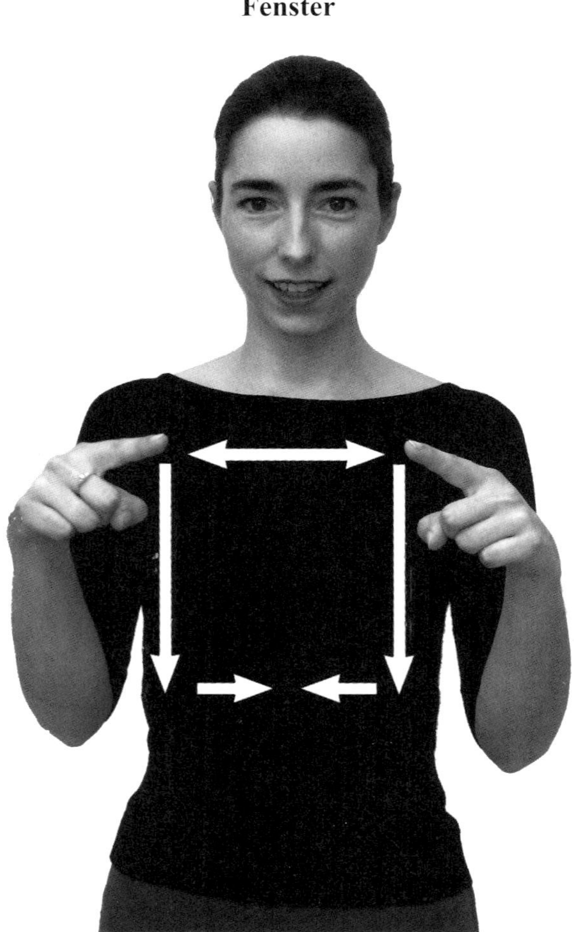

Von oben beginnend mit beiden Zeigefingern ein Viereck beschreiben, erst beide Finger auseinander, dann nach unten und zum Schluss wieder von unteren Ecken in die Mitte zusammenführen

Fisch

Rechte Hand vor Körper halten, Handrücken nach vorn, Fingerspitzen zeigen nach links außen, Daumen abgespreizt, Hand leicht hin- und herschlängeln und dabei schräg nach vorn links bewegen wie bei Schwimmbewegung eine Fisches

Flugzeug

Kleiner Finger und Daumen der rechten Hand abgespreizt, restliche Finger zur Faust, mit Hand schräg nach vorn oben fliegen wie startendes Flugzeug

groß

Beide Hände locker vor Körper halten mit dem Handrücken nach außen, von der Mitte her horizontal nach auseinander führen als ob man etwas breites andeutet

Hände waschen

Beide Hände ineinander legen und reiben, als ob man sie wäscht

Hahn

Alle Finger der rechten Hand gestreckt und Daumen angelegt, Hand auf Kopf stellen und leicht mit diesem Hahnenkamm wackeln

Hase

Hände über den Ohren seitlich an den Kopf halten mit den Handflächen nach vorn, Daumen ist innen angelegt, 2x mit den Fingern leicht vor und zurück wackeln

Haus

Fingerspitzen beider Hände berühren sich vor Oberkörper, die Arme formen dabei ein Dreieck wie den Dachgiebel eines Hauses

heiß

Rechte Hand in C-Form vor Mund halten, Handrücken zeigt nach vorn und C-Öffnung nach oben, Finger sind dabei leicht gespreizt, von Mund schnell nach rechts außen ziehen und dabei Hand zur Faust schließen

helfen

Beide Hände vor der Brust zur Faust, Daumen nach oben abgespreizt, Handrücken zeigt nach außen, in dieser Haltung Hände in kleinem Bogen nach vorn bewegen und dabei Daumen an Faust anlegen

Huhn

Zeigefinger und Daumen der rechten Hand als Schnabel zusammen halten, restliche Finger zur Faust, 2x Picken nachahmen

Hund

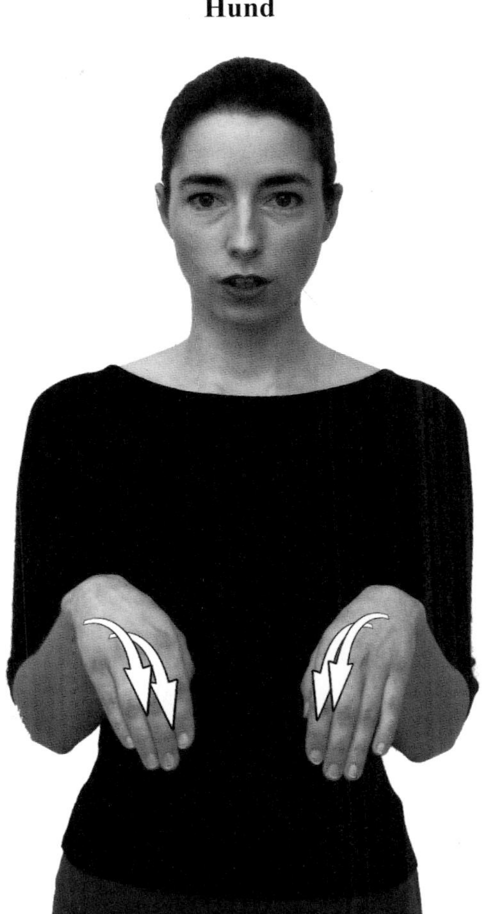

Wie „Männchen machen“, Hände leicht gebogen vor Körper halten, Daumen locker halten, Hände 2x nach vorn unten bewegen

Jacke

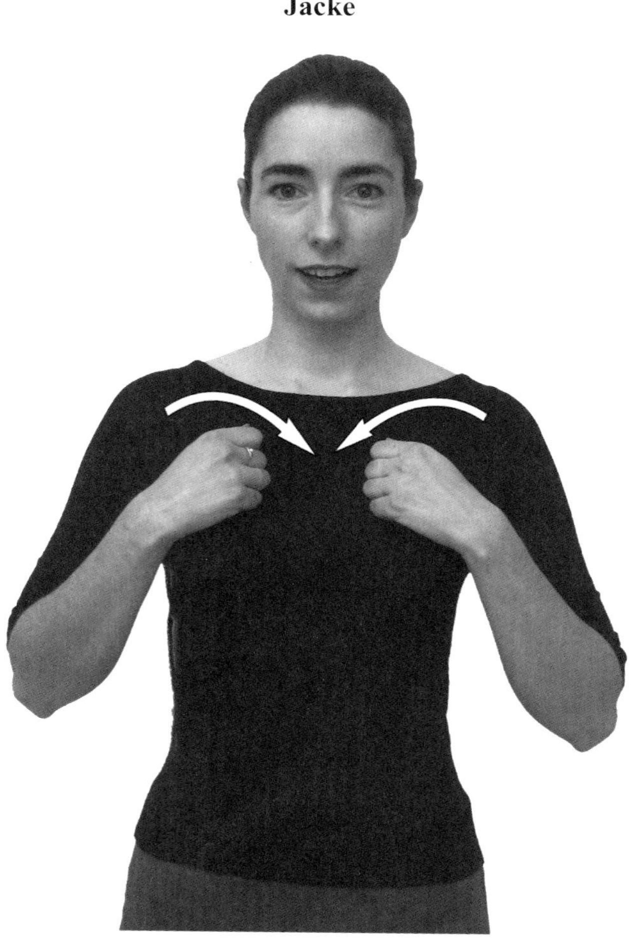

Fingerspitzen berühren beide Schultern, beide Hände in die Mitte zur Brust ziehen und dabei zur Faust schließen als ob man Jacke überstreift

kalt

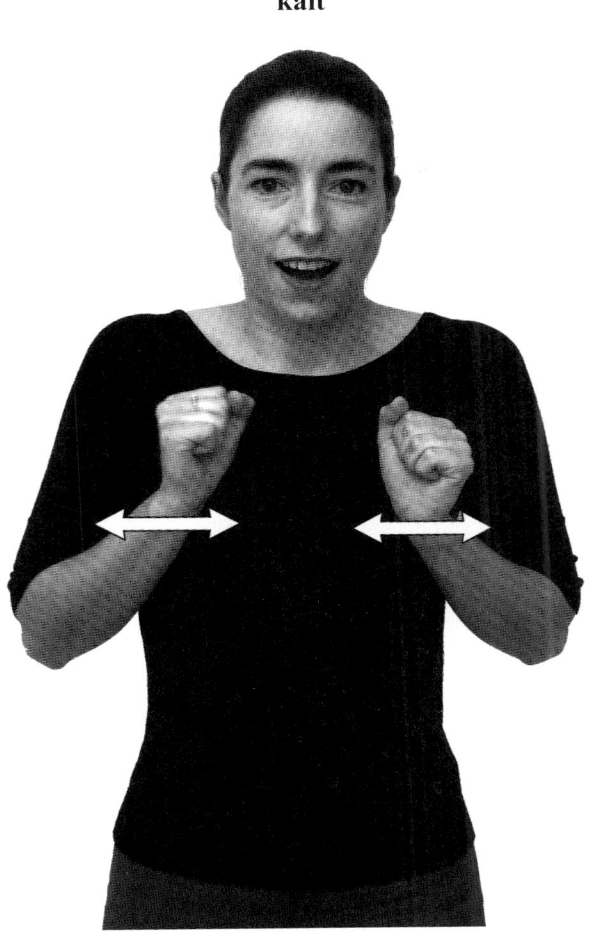

Arme angewinkelt, Unterarme am Körper anliegend nach oben halten, Hände zur Faust, mit Armen und Fäusten zittern

Katze

Auf Höhe der Mundwinkel Zeigefinger und Daumen jeweils zusammenhalten, restliche Finger abspreizen, 2x Hände horizontal nach außen ziehen als ob man Barthaare einer Katze nachzieht

Keks

Linken Unterarm nach oben halten, Handrücken zeigt nach vorn, Hand zur Faust, Fingerspitzen der rechten Hand in C-Form halten, Finger sind leicht gespreizt, damit von unten zweimal gegen linken Ellenbogen klopfen

Kind

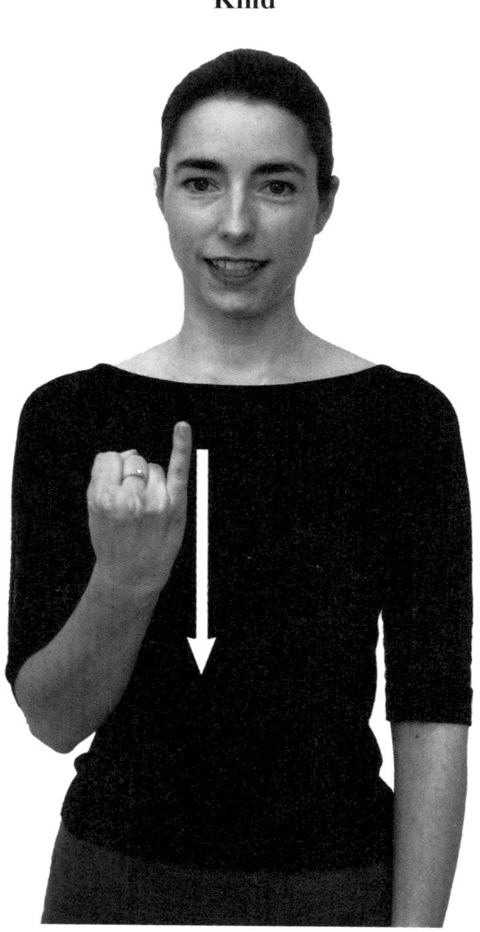

Rechte Hand zur Faust, Handrücken zeigt nach unten, kleinen Finger aufstellen und Hand ein kleines Stück nach unten ziehen

Kinder

Rechte Hand flach nach vorn gestreckt, Handrücken nach oben, mit der flachen Hand 3x seitlich nebeneinander wie auf 3 Kinderköpfe tippen

klein

Beide Hände vor Körper halten mit Handrücken nach außen, Daumen ist abgespreizt, Hände horizontal nach innen aufeinander zu und fast zusammen führen, dabei Finger strecken

Kuh

Hände jeweils zu O formen, an Stirn ansetzen und nach schräg oben wie Hörner ziehen, dabei Finger zur Faust schließen

Licht oder Lampe

Rechte Hand als Faust mit Handrücken nach oben, Daumen angelegt, auf Augenhöhe halten, Faust schnell öffnen und alle Finger nach unten wegspreizen wie Lichtkegel

lieb haben oder kuscheln

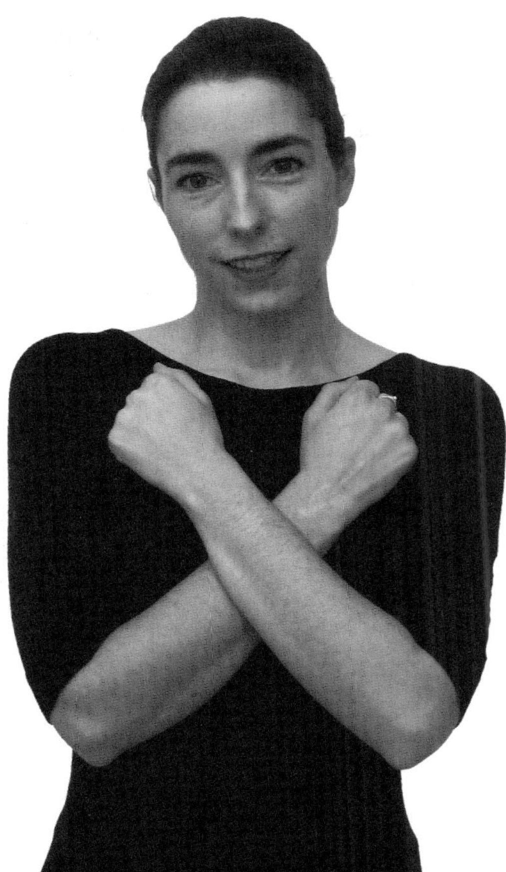

Beide Arme vor Brust überkreuzen, beide Hände zur Faust, Handrücken nach vorn, in dieser Haltung Oberkörper leicht hin- und herwiegen

Mama

Finger der rechten Hand sind gestreckt und der Daumen angelegt, 2x flach mit allen Fingern an untere rechte Wange tippen

mehr / noch einmal

Finger der linken Hand vor Körper gestreckt mit Handfläche nach innen und Daumen angelegt, alle Fingerspitzen der rechten Hand zusammenhalten und 2x damit in Handfläche der linken Hand tippen

Milch

Rechte Hand auf Brusthöhe zur Faust, Daumen nach oben abgespreizt, Faust 3x öffnen, dabei schließen wie beim Melken

Mond

Seitlich neben dem Gesicht Form eines Halbmondes nachzeichnen, von oben beginnend Zeigefinger- und Daumenspitzen zusammenhalten, restliche Finger als Faust, Hand nach unten bewegen und dabei Zeigefinger und Daumen auseinander und wieder zusammen führen

Musik

Beide Hände zur Faust vor Oberkörper halten, dabei sind die Zeigefinger jeweils nach oben gestreckt, die Hände wie beim Dirigieren bewegen

Mütze oder Hut

Beide Hände zur Faust, Handrücken nach außen, Fäuste jeweils neben Kopf von oben bis auf Ohrenhöhe nach unten führen als ob man Mütze über beide Ohren zieht

Oma

Am Hinterkopf imaginären Dutt mit rechter Hand umfassen, Hand ist dabei in C-Form mit Fingern oben und Daumen unten

Opa

Mit einer Hand auf Oberlippe Schnurrbart andeuten und nach außen zwirbeln, Zeigefinger und Daumen mit kleinem Abstand in Mitte von Oberlippe halten und restliche Finger zur Faust, Zeigefinger und Daumen zusammenführen und dabei Hand nach oben drehen

Papa

Hand flach und alle Finger gestreckt mit angelegtem Daumen, Handrücken zeigt nach vorn, Fingerspitzen 2x an das Kinn tippen

Pferd

Hände zur Faust und versetzt vor Körper halten mit linker Hand vorn als ob man Zügel hält, vom Handgelenk aus 3x mit Fäusten gleichzeitig „nicken“

Regen

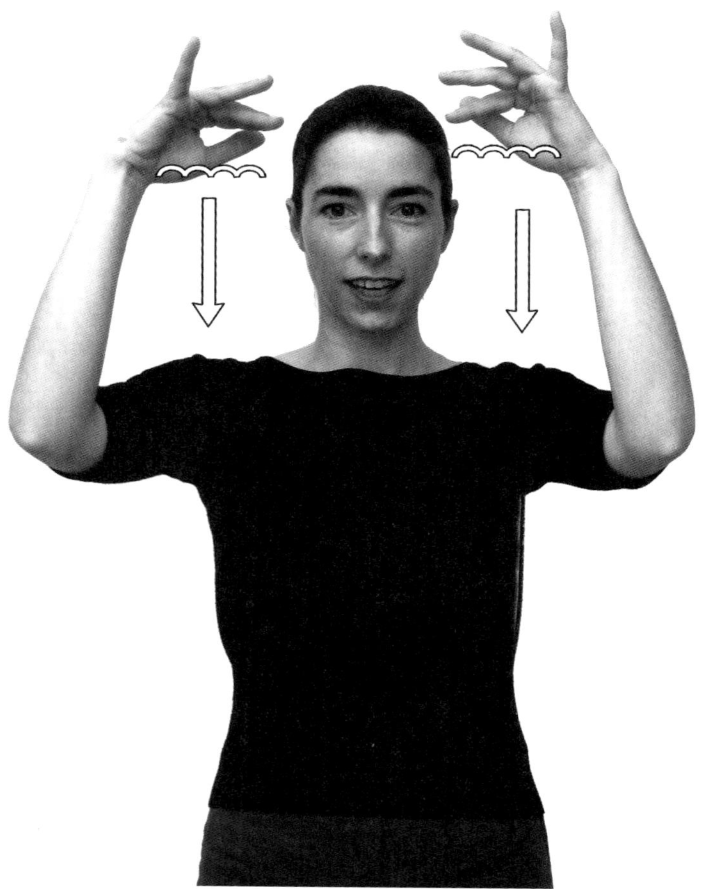

Arme hochhalten, Handflächen zeigen nach unten, Hände und Daumen sind locker, Hände mehrmals von oben nach unten führen und dabei mit einzelnen Fingern wackeln und Regentropfen imitieren

Schaf

Beide Hände zur Faust, Handrücken zeigt nach hinten, Fäuste über beide Ohren seitlich am Kopf halten und damit 2 kleine Kreise beschreiben

schlafen oder müde oder Bett

Beide Handflächen zusammen und diese an ein Ohr und Wange legen, Kopf leicht zur Seite neigen

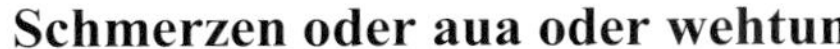

Schmerzen oder aua oder wehtun

Rechte Hand neben Körper auf Brusthöhe halten, alle Finger sind dabei locker abgespreizt und der Handrücken zeigt nach vorn, Hand 3x schütteln

Schuhe

Beide Hände zur Faust, Zeigefinger gekrümmt und leicht abgewinkelt, als ob man Löffel hält, Finger zeigen dabei nach vorn und Handrücken nach oben, nun Fäuste nach oben und innen drehen als ob man Stiefelschaft umgriffen hält und hochzieht

Schwein

Rechte Hand umfasst vor Mund und Nase einen imaginären Rüssel, Handrücken zeigt nach vorn, Hand ein kleines Stück nach vorn ziehen, um Länge des Rüssels anzudeuten

sitzen

Rechte ausgestreckte Hand liegt über Kreuz auf linker ausgestreckter Hand, beide Handrücken zeigen nach oben, beide Hände gleichzeitig in kurzer Bewegung nach unten drücken

Socken oder Strümpfe

Zeigefinger- und Daumenspitzen zeigen nach unten, beide zusammenführen und dabei nach oben ziehen, restliche Finger sind abgespreizt

Sonne

Rechte Hand zur Faust neben Kopf halten, Faust öffnen und alle Finger seitlich wegspreizen wie einzelne Sonnenstrahlen, die Hand ist dabei fast im rechten Winkel zum Arm

spielen

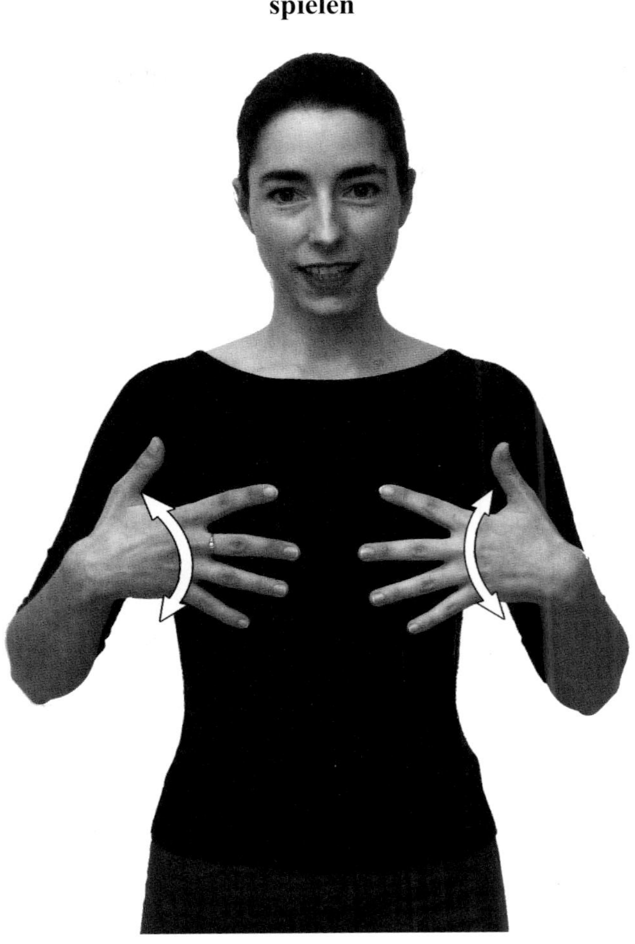

Beide Hände mit gespreizten Fingern gestreckt vor Körper halten, Handrücken zeigt nach vorn und die Finger nach innen, beide Hände 2x auf- und abschütteln

Sterne

Hände neben Kopf halten, Handrücken zeigt nach hinten, Daumen und Fingerspitzen berühren sich, dann schnell Hand öffnen und alle Finger abspreizen, mehrmals an verschiedenen Stellen wiederholen und blinkende Sterne imitieren

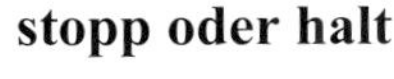

stopp oder halt

Handfläche zeigt nach vorn, Finger sind nach oben gestreckt, ganze Hand ein kleines Stück gerade und energisch nach vorn bewegen

tanzen

Finger beider Hände zur Faust, nur Zeigefinger und Mittelfinger abspreizen und nach unten strecken, Hände horizontal nach innen und außen drehen, so dass imaginäre Beine sich nach links und rechts bewegen

Teddybär

Arme angewinkelt und Unterarme nach oben halten, Hände auf Achselhöhe zur Faust, Handrücken zeigt nach hinten, alternierend mit Fäusten kleine Kreise nach vorn und hinten beschreiben

Telefon

Hand zur Faust, Daumen und kleiner Finger sind abgespreizt, Hand wie Telefonhörer ans Ohr und Wange halten, dabei zeigt der Handrücken nach vorn und der Ellenbogen nach außen

trinken

Rechte Hand formt C, Hand wie Glas zum Mund führen

Tür

Beide Hände vor dem Körper voreinander halten, Finger sind flach gestreckt, die Handrücken zeigen nach vorn, die rechte vordere Hand klappt auf und wieder zu

Vogel

Zeigefinger und Daumen gestreckt und zum Schnabel geformt, restliche Finger zur Faust, Zeigefinger und Daumen 2x am Mund öffnen und schließen

was

Arme angewinkelt, Hände mit etwas Abstand zueinander vor Körper halten, Handflächen zeigen locker nach oben, Hände kurz horizontal schütteln

Wasser

Rechte Hand abgewinkelt, Handrücken zeigt nach oben, die Finger sind gestreckt und zeigen nach innen, der Daumen liegt von unten an den Fingern an, Hand 2x zum Kinn führen, so dass Seite des Zeigefingers am Kinn antippt

Wind

Hände mit etwas Abstand vor Körper halten, die Handrücken zeigen nach außen, gleichzeitig Hände erst nach links und dann nach rechts wedeln

windeln oder Windel

Hände auf Hüfthöhe halten, die Handflächen zeigen nach vorn und Fingerspitzen nach unten, erst eine Hand umdrehen und dabei zur Körpermitte führen, dann die andere, als ob man Klettverschlüsse der Windel schließt

wo

Hände flach vor Körper gestreckt mit Handflächen nach oben, beide Hände gleichzeitig nach oben und außen bewegen

Wolke

Seitlich oben neben Kopf mit beiden leicht gewölbten Händen die Form einer Wolke nachziehen, dafür mit jeder Hand 3 kleine Bögen beschreiben

Zug oder Eisenbahn oder Lok

Arme seitlich angewinkelt, Handflächen zeigen nach innen, gleichzeitig mit beiden Händen neben Körper Kreise nach vorn und unten beschreiben wie drehende Zugräder

Verlag Karin Kestner

Wir bieten spezielle Software, Bücher und Videos für Menschen, die Gebärdensprache lernen wollen, Kinderbücher über und Videos in Deutscher Gebärdensprache suchen oder sich mit dem Thema Gehörlosigkeit auseinander setzen möchten.

Karin Kestner bietet zusätzlich Hilfe für Eltern gehörloser Kinder an und ist als Gebärdensprachdolmetscherin tätig.

Der Verlag entstand 1996 mit 777 Gebärden 1, damals das erste Lernprogramm mit Gebärdensprache in Deutschland. Mit den CD-ROMs Tommys Gebärdenwelt 1, 2und 3 und den Begleitbüchern wurde konsequent das Ziel verfolgt, Deutsche Gebärdensprache endlich gehörlosen und anderen Kindern zugänglich zu machen. Das Buch "Diagnose hörgeschädigt" ist ein Standardwerk für alle Eltern, Berater und Frühförderer.
Auf den folgenden Seiten finden Sie eine Auswahl unserer Verlagsprodukte. Karin Kestner

Sie können alle Produkte schnell und einfach direkt beim Verlag bestellen

www.kestner.de

Das große Buch der Babyzeichen

Mit Babys kommunizieren bevor sie sprechen können

Vivian König

Das große Buch der Babyzeichen

Das große Buch der Babyzeichen ist das zweite Buch von Vivian König. Mit 360 Seiten, fast 300 Babyzeichenfotos und 300 Kinderfotos aus dem Babyzeichenalltag zeigt dieses Buch, wie groß die Babyzeichenbewegung in Deutschland geworden ist.

Das große Buch der Babyzeichen ist ein Buch aus der Praxis von Vivian König, Gründerin der Zwergensprache Kurse und Autorin des Buches "Kleines Wörterbuch der Babyzeichen". Sie gibt viele nützliche Tipps und Anregungen aus dem eigenen Babyalltag mit Babyzeichen, wie auch aus den vielen Eltern-Kind-Kursen und Ausbildungsworkshops für Babyzeichen-Kursleiterinnen, die sie schon geleitet hat. Als Mutter von Max und Emilia, die beide mit Babyzeichen aufgewachsen sind, ist sie keine Theoretikerin, sondern kann ihr Wissen aus eigener Anwendung und Erfahrung vermitteln. Die Fotos von Max, Emilia und weiteren Kindern vermitteln einen guten Eindruck, wie vielfältig und lebhaft die Kommunikation mit den eigenen Kindern sein kann. Vivian König hat inzwischen über 30 Kursleiterinnen in Deutschland, Österreich und der Schweiz für Babyzeichenkurse unter dem Namen Zwergensprache ausgebildet. Tausende Eltern haben unterdessen mit Begeisterung die Anwendung der Babyzeichen in Babyzeichenkursen gelernt und wenden sie täglich mit Erfolg und Spaß bei ihren Kleinsten an.

Aus dieser reichhaltigen Erfahrung hat Vivian König auch viele neue Spielideen entwickelt, die wunderbar durch Babyzeichen unterstützt werden.

ISBN: 978-3-9810709-7-2

Siehe: www.kestner.de

Tommys Gebärdenwelt 1,2,3

Gebärdensprach Lernprogramme für Kinder ab 3Jahren.

Geben Sie sich und Ihrem Kind die Chance eine tragfähige Kommunikation aufzubauen!

Die erfolgreichsten Lernprogramme für gehörlose, schwerhörige, lernbehinderte und hörende Kinder, sowie Kinder mit Down-Syndrom, und Kinder mit Cochlear Implantat zum Erlernen eines Grundwortschatzes in Gebärdensprache und Laut- und Schriftsprache. Geben Sie sich und Ihrem Kind die Chance eine tragfähige Kommunikation aufzubauen!

Vielfach von Eltern, Pädagogen, Logopäden und Universitäten empfohlen.

Zielgruppe

Gehörlose Kinder können jetzt erstmals einfach am Computer durch Mausklick auf einzelne Bilder Gebärden lernen.

Schwerhörige Kinder können sich auch die Lautsprache zu jedem Begriff anhören und durch Hörtraining Worte einprägen. Hörende Kinder können unabhängig von der Lautsprachkompetenz ihrer Eltern, Sprechen und Gebärden lernen. Hörende Babys können sich schon vor dem ersten Wort den Eltern mit einfachen Gebärden mitteilen. Kindern mit Down-Syndrom und anderen lernbehinderten Kindern wird der Spracherwerb erleichtert. Kinder mit besonderem Förderbedarf finden den Weg in die Kommunikation. Kinder mit Cochlear Implantat lernen die Gebärdensprache, Hören und Lesen.

ISBN:
1: 978-3-9810709-9-6
2: 978-3-9812004-0-9
3: 978-3-9812004-2-3
Siehe: www.kestner.de

Tommys Gebärdenwelt 1,2,3
Die Gebärdensprachbücher zum Lernprogramm.

Die Begleitbücher zu den jeweiligen CD-ROMs bieten Ihnen auch die Möglichkeit, ohne Computer mit Ihren Kindern den Wortschatz der Lernprogramme Tommys Gebärdenwelt 1 bis 3 zu lernen. Die Bücher enthalten fast alle Begriffe der CD-ROMs mit erstklassigen Gebärdenfotos und den bei den Kindern so beliebten Bildern von Gabriela Silveira. Zu jedem Wort finden Sie auch den zugehörigen Artikel zum Schreiben und Lesen lernen. Tommys Gebärdenwelt 2 enthält zusätzlich einen Grammatikleitfaden der Deutschen Gebärdensprache. Auf einigen Seiten des Buches können die Kinder nach Herzenslustmalen.

Die Babyzeichen von Vivian König stimmen übrigens weitgehend mit den original Gebärden der Deutschen Gebärdensprache überein.

ISBN:
1: 978-3-00-010173-1
2: 978-3-00-011562-2
3: 978-3-00-015930-5
Siehe: www.kestner.de

Alessa findet neue Freunde
Eine neue wunderschöne Kindergeschichte

Die kleine gehörlose Alessa lebt bei ihrem Opa in den Bergen. Eines Tages trifft sie beim Spielen mit ihrem Hund Barry auf eine Familie, die Schutz vor einem heranziehenden Gewitter sucht. Erstaunt stellt Alessa fest, dass diese Familie auch gehörlos ist. Lest wie Alessa zum ersten Mal die Gebärdensprache sieht und neue Freunde findet.

Diese Video-DVD ist für den DVD-Player am Fernseher und Computer mit DVD-Laufwerk und DVD-Player-Software geeignet. Die liebevoll gemalten Bilder stammen von Michaela Neumeister. Die Geschichte wird in Deutscher Gebärdensprache und Lautsprache erzählt und ist mit Untertiteln versehen. Im Begleitbuch finden Sie nochmal alle Bilder in Farbe und den zugehörigen Text zum Nachlesen. Ihre Kinder werden die Geschichte lieben!

ISBN: 978-3-9810709-4-1
Siehe: www.kestner.de

Kasimir mit Gebärdensprache
Original Kasimir-Geschichten in DGS und LBG auf Video-DVD

Die Kinderbücher "Kasimir tischlert" und "Kasimir lässt Frippe machen" von Lars Klinting kennt fast jedes Kind. Der Bundeselternverband gehörloser Kinder e.V. ist Herausgeber einer Gebärdensprach-Version dieser Kinderbücher auf Video-DVD.

Jetzt werden die beiden Geschichten liebevoll in Gebärdensprache erzählt, das begeistert alle Kinder mit Gebärdensprache. Sie können zwischen einer DGS und einer LBG-Version wählen. Zusätzlich können Sie den Text als Untertitel einblenden und bei der LBG-Version auch noch die Geschichte in Lautsprache mit vorlesen lassen.

ISBN: 978-3-9812004-3-0
Siehe: www.kestner.de